1889

PLAN GUIDE DE L'EXPOSITION

PLAN-GUIDE

DE

L'EXPOSITION UNIVERSELLE

(Voir page 20)

TABLE DU CATALOGUE

FÉLIX POTIN

101-103, Boulevard Sébastopol, 101-103

PARIS

DEMANDER le CATALOGUE spécial pour la PROVINCE

La Maison n'a pas de succursale en Province

L. — P.

CHOCOLATS FÉLIX POTIN

GARANTIS PURS CACAO ET SUCRE

Médailles d'or : Paris 1872 et 1878, Londres 1884, Anvers 1885

HORS CONCOURS — HAVRE 1887

Nos 1. Chocolat de Santé . . . . le 1/2 kilo		**1.30**
2. — — qualité fine. . .	»	**1.50**

CHOCOLATS SUPÉRIEURS

3. Chocolat Supérieur vanillé. . . . . le 1/2 kilo		**1.70**
4. — — surfin	»	**1.80**
5. — — — double vanille	»	**1.90**
6. — — superfin	»	**2.10**
7. — — — triple vanille	»	**2.40**
Chocolat sans sucre.	»	**2.50**

Tablettes de 12 divisions au 1/2 kilo — En boîtes de 500 ou de 250 grammes.

N. B. — Sans désignation spéciale, ces chocolats sont toujours livrés en boîtes de 500 grammes

Les Chocolats Nos 1, 2, 4, 6 et celui sans sucre ne sont pas vanillés.

Chocolat de poche (spécial pour le voyage) . .	l'étui de poche de 5 tablettes	».25
	— de 10 —	».50
"Goûters des pensionnaires" (spécial pour pensions . . .	la boîte de 500 gr. en 20 t.	**1.80**
	— — 40 t.	**1.90**
Croquettes de Chocolat (supérieur vanillé)	le paquet de 250 gr.... .	».90
	la boîte riche de 125 gr.... ..	».65
	— de 250 gr	**1.10**
Croquettes de Chocolat (superfin. double vanille) . .	le paquet de 250 gr	**1.** »
	la boîte riche de 125 gr . .	».70
	— de 250 gr......	**1.20**

Escompte de 5 0/0 à partir de 5 kilogrammes de Chocolat ou Bonbons Chocolat seuls ou assortis.

Étuis de chocolat (chocolat en tablettes) la boîte de 100 étuis. *Net* **4.75**

Médailles (croquettes en chocolat). les 100 médailles. — **4.75**

BONBONS CHOCOLAT

PASTILLES de chocolat vanillé	boîte Pompadour	».45
	— chromo	».60
	— —	».80
	— 125 gr.	».70
	— 250 gr.	1.05
	le 1/2 kilo	1.80
PASTILLES de chocolat surfin double vanille .	boîte 250 gr.	1.15
	le 1/2 kilo	2. »
— — candies	boîte 250 gr.	1.15
	le 1/2 kilo	2. »
CRÈMES fines, vanille, café, rhum, etc., etc. .	boîte 250 gr.	1.20
	le 1/2 kilo	1.80
— surfines, vanille, café, rhum, etc., etc.	boîte 250 gr.	1.30
	le 1/2 kilo	2. »
— superfines, vanille, café, rhum, etc.	le 1/2 kilo	2.50
— extra-superfines, vanille, café, rhum,	boîte 250 gr.	2. »
etc., etc.	le 1/2 kilo	3.25
PRALINÉS fins.	boîte 250 gr.	1.20
	le 1/2 kilo	1.80
— surfins.	boîte 250 gr.	1.30
	le 1/2 kilo	2. »
PRALINÉS superfins.	le 1/2 kilo	2.50
— extra-superfins	boîte 250 gr.	2. »
	le 1/2 kilo	3.25
— moulés	boîte 250 gr.	2. »
	le 1,2 kilo	3.25
AMANDES	boîte 250 gr.	2. »
	le 1/2 kilo	3.25
MARRONS.	boîte 250 gr.	2. »
	le 1/2 kilo	3.25
NOUGATINES.	boîte 250 gr.	2. »
	le 1/2 kilo	3.25
NOYAUX de pêches.	boîte 250 gr.	2. »
	le 1/2 kilo	3.25
OLIVES	boîte 250 gr.	2. »
	le 1/2 kilo	3.25
PISTACHES.	boîte 250 gr	2. »
	le 1/2 kilo	3.25
PAPILLOTES chocolat	le 1/2 kilo	2. »
— chocolat et pistache . le 1/2 kilo	3.25 et	4. »

*Escompte de 5 o/o à partir de 5 kilogrammes de Chocolat
ou Bonbons Chocolat seuls ou assortis.*

- 4

CACAOS FÉLIX POTIN

		Net
Échantillons de Cacao en poudre, garanti pur et soluble, en boîtes fer-blanc	2 échantil. pour	».25
Cacao en poudre, garanti pur et soluble, En boîtes fer-blanc de 125 grammes. . .	la boîte	1.15
— — de 250 — . . .	—	2.10
— — de 500 — . . .	—	4 »
Cacao en feuilles, en boîtes de 250 grammes	—	1.60
— — — de 125 —	—	».85
— en poudre sucré (en boîtes cart. de 250 gr.	—	1.35
— — —	le 1/2 kil.	2.20
— vert en grains.	—	2 »

FANTAISIES CHOCOLAT

Biographies des Grands Hommes	le volume	».10
Boîtes d'Artiste.	la boîte	2.50
Chocolats des Bébés	la tablette	».10
— des Courses, la boîte carrée 1,75.	la boîte ronde	1.40
— de la Lune	»	1.20
— Napolitains	le paquet de 6	».30
— —	la boîte 125 gr	1.10
— —	— 250 gr.	1.90
— du Sport	la boîte	2 »
Tabatières	la pièce	» 35
Paquets de Tabac (pastilles)	le paquet	».30
Cigares Chocolat (45 cigares au 1/2 kil) . .	le 1/2 kil.	2.70
— —	le paquet de 6	».40
Tirelires	la pièce ».60 et	».40
Cigares Colorado (petits).	la grande boîte	.80
Cigares-Cigarettes	le paquet	1.70
Porte-Cigares garnis	la pièce	».50
Cigarettes Caporal	le paquet	».40
— du Chasseur	»	».50
— Colorado.	la petite boîte	».50
— Scolaires (chromos assortis). . .	le paquet	».75
Porte-Cigarettes garnis.	la pièce	».55
Services pour Fumeurs (en porcelaine garni)	le service	».60
Portefeuilles.	la pièce	».15
Jeux de Dominos	la boîte	2.50
— de Loto.	»	2 »
— de Patience	»	1.50
Lettres des Bébés	la pièce	».50
— — (petites)	»	».25

Grand choix de beaucoup d'autres articles

BOITES DE DRAGÉES POUR BAPTÊMES

	Boîtes rondes 125 gr. 11 cent. de diametre	Boîtes rondes 250 gr. 15 cent. de diametre	Boîtes rondes 375 gr. 17 cent. de diamtre	Boîtes rondes 500 gr 185 mil. de diametre
Boîtes rondes plissées blanches garnies	»|85	1|50	2|10	2|75
— — — bleues ou roses garnies	1| »	1|60	2|25	2|90
— — — chromo garnies	1| »	1|60	2|25	2|90

	Boîtes carrees 125 gr	Boîtes carrees 250 gr	Boîtes carrées 375 gr	Boîtes carrees 500 gr
Boîtes carrées bleues ou roses garnies	1|10	1|70	2|35	3| »
— — chromo garnies	1|20	1|80	2|45	3|10
— rondes ou carrées, style moyen âge	1|30	1|90	2|60	3|25

Observations. — Ces boîtes se font rondes ou carrées et d'une contenance de **125, 250, 375** et **500** grammes; elles sont **bleues** pour les **garçons** et **roses** pour les **filles**; elles sont garnies d'un mélange de dragées flots, pistaches, chocolat, nougatines et avelines.

L'inscription générale est le mot **BAPTÊME**, en lettres d'or.

Pour une commande de **12** boîtes minimum, on peut estamper en creux le nom ou **2** initiales avec la date de la naissance, en or, moyennant une augmentation de **0 fr. 10** par boîte. Pour moins de 12 boîtes, **1,50** de supplément.

Pour **2** initiales fantaisie entrelacées sur un coin de la boîte, ou le nom en fantaisie (*perlés, poudrés, diamantés ou peints à la main, or, argent ou couleurs*), augmentation de **0,40** par boîte.

Pour un nom en toutes lettres, caractères gothiques relief ou argent, augmentation de **0 fr. 50** par boîte.

Mêmes caractères, or et argent, augmentation de **0,60** par boîte.

Grand assortiment de modèles nouveaux en dehors de ceux indiqués ci-dessus.

Boîtes Marraines, de 3 à 7 fr. vides, et de 5 à 12 fr. garnies.
Boîtes à Gants et à Mouchoirs, de 4 fr. 25 à 30 fr.
Cornets riches, vides, 0,20, garnis, 0,60.

NOTA. — Les boîtes, cartonnages et sacs ne portent pas le nom de la Maison.

BONBONS
DRAGÉES

AMANDES DEMI-FINES.	le 1/2 kilo	1.20
— FINES.	»	1.60
— SURFINES	»	2 »
— FLOTS.	»	2.50
CHOCOLAT.	»	2.50
PISTACHES.	»	2.50
NOUGATINES	»	2 »
AVELINES	»	2 »
LIQUEURS SURFINES.	»	1.60
LÉGUMES (à la liqueur)	»	1.60
VIOLETTES CANDIES.	»	8 »
— —	la boîte	».75

PRALINES

A LA ROSE.	le 1/2 kilo	1 »
A LA VANILLE	»	1.60
LOUIS XV (au café).	»	2 »
MONTESPAN (au chocolat).	»	2 »
FONDANTES (parfums assortis).	»	1.60

BONBONS POUR GARNITURES

CÉLERIS, CANNELAS, ANIS, MÉLONIDES	le 1/2 kilo	2.50
PERLES ARGENTÉES	»	4 »

FONDANTS

UNIS	le 1/2 kilo	2 »
DOUBLES.	»	2.50
FOURRÉS.	»	3 »

MARRONS GLACÉS A LA VANILLE LE 1/2 KIL. 2.40

BONBONS ANGLAIS ET SUISSES

BONBONS anglais, abricot vanille, boules d'orge, boules de réglisse, coquelicot vanille, coquelicot nature, caramels gros, crevettes, fraises des bois, grains de groseilles, grains de blé, grains de réglisse, grains de café, mendiants, menthmis, pastilles 4 fleurs, tortillons, tablettes d'orge, tablettes goudron, bûches vanille, sucre d'orge assorti, sucre d'orge cannelé, sucre d'orge rond, sucre Vichy, mexicains, drops feuille, ananas, cristal, volapuck, marguerite, petites tablettes froufrou, fraises, framboises jupper mim, caramels, bonbons suisses, pastilles africaines, tranches d'oranges, tranches de citrons, groseilles rouges, groseilles vertes, rocks assortis, citrons, oranges, fédéraux.

Le flacon de 500 gr., **1.50**, de 250 gr., ».80, de 125 gr., ».50

CHÂTAIGNES fourrées, fedora, tablettes gaufrées, noyaux de pêches, noyaux d'abricots, coquillages, framboises, noisettes.

Le flacon de 500 gr., **1.75**, de 250 gr., « 90, de 125 gr., » 55

CARAMELS au beurre (parfums assortis)	le 1/2 kil.	1 80
— — —	l'étui riche	».75
PETITS POIS pâte d'amandes	le 1/2 kil.	2. »

FÉLIX POTIN, Boulevard Sébastopol, 101 et 103, PARIS

BONBONS ET CONFISERIE

Anis de Flavigny............	l'étui	».40
—	le 1/2 kilo	2. »
Nougat de Montélimar..	le bâton 125 g.	».70
— —	— 250 g.	1.25
— —	— 500 g.	2.40
— —	la boîte tablet.	».65
— —	— —	1.30
Papillotes sucie............	le 1/2 kilo	1.60
Pastilles des Amateurs (gomme)...	»	2.40
— — (réglisse)...... ...	»	2. »
— — (gomme ou réglisse)..	la boîte 0.30 et	».50
- de go ' (grosses)...............	le 1/2 kilo	1.70
. . .	la boîte 250 g.	».90
— — (lisse)...	le 1/2 kilo	2. »
Pastilles de réglisse (grosses).	»	1.70
—	boîte 250 g.	».90
— — (boutons de guêtre).... .	le 1/2 kilo	1.80
Pastilles de menthe...............	»	1.40
— — anglaise	»	1.80
— — de Mitcham	la boîte	».25
— au miel ....l'étui » 15;	les 2 étuis	».25
—	le 1/2 kilo	1.20
— rafraîchissantes.. .. .	»	1.20
— aux fruits	»	1.40
— peruviennes	»	1.80
Patis pectorales, guimauve, jujube, lichen et réglisse........	»	1.80
Réglisse pur de Calabre....	»	1.40
Sucres d'orge........... . .	'	1. »
— de Tours...	,	1.20

	125 gr.	250 gr.	500 gr.
la boîte	».65	».90	**1.50**

Verres d'eau (limonade gazeuse, parfums divers) la boîte de 10 verres de limonade...... .... ».95

SUCRES DE POMMES ET DE CERISES

	125 gr.	250 gr.	500 gr.	1 kilo
Sucres de pommes de Rouen le bâton	».35	».65	1.20	2.25
— cerises — —	' 35	».65	1 20	2.25

ASSORTIMENT DE COUPES « SATZUMA »

Garnies de Bonbons.. 4.25 | Vides. 2.25

FRUITS CONFITS

Abricots glacés.......................	le 1/2 kilo	2.50
Amandes vertes glacees	»	2. »
Angélique glacée	»	1.40
Brochettes assorties	»	2. »
Cédrat ou Poncire.....................	»	1.40

8

FRUITS CONFITS

Cerises demi-sucre	le 1/2 kilo	2.50
Chinois glacés blonds ou verts	»	2. »
Écorces de citrons glacées	»	1.40
— d'oranges glacées	»	1.40
Figues glacées	»	2. »
Fruits fourrés	»	2.50
Noix glacées	»	2. »
Nœuds assortis	»	2. »
Pates d'abricots	»	2. »
— —	coffret 400 g. env.	1.80
— de framboises	le 1/2 kilo	2. »
— — fruits moulées	»	2.50
Poires glacées (blanches ou roses)	»	2. »
Prunes mirabelles	»	2. »
— reines-Claude	»	2. »
Fruits assortis	»	2. »
— — en coffrets de 500 gr. et 1 kil.	»	2. »
— — en caissettes de 2 et 3 kil.	»	2. »

CONSERVES de FRUITS au SIROP

	la 1/2 boite	le flacon
Abricots	1. »	1.25
Ananas	» »	1.40
Cerises	» »	1.10
Chinois	» »	1.90
Coings	» »	1.50
Fraises	» »	1.70
Framboises	» »	1.30
Groseilles	» »	1. »
Marrons	» »	2.10
Mirabelles	».80	1. »
— pelées	» »	1.50
Pêches	1.40	2.30
Poires	» »	1.50
Reines-Claude	1. »	1.20

CONSERVES DE FRUITS A L'EAU-DE-VIE

	BOUCHAGE ORD^e		BOUCHAGE A VIS		
	1/2 litre	le litre	1/4 de litre	1/2 litre	de 1 litre
Cerises	1.20	2.20	».80	1.30	2.30
Chinois	1.60	3. »	»	»	»
Prunes	1.40	2.60	»	»	»

ANANAS CONSERVÉS AU NATUREL

Ananas entier supérieur de la Guadeloupe	la boîte 1 kilo	1. »
— — — —	- 1250gr.	1.30

EXTRAIT DE VIANDE

ECONOMIE

RAPIDITÉ

FELIX POTIN

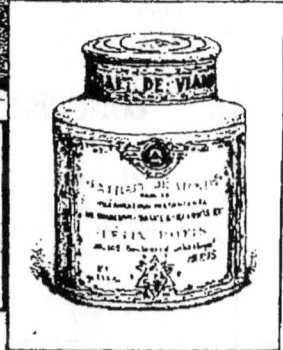

LE POT

| N° 1 (net 454 Gr) 8 f 75 | N° 3 (net 113 Gr) 2 f 40 |
| N° 2 (net 227 Gr) 4 f 60 | N° 4 (net 56 Gr) 1 f 25 |

VUE A VOL D'OISEAU

CACAO

FÉLIX POTIN

FABRICATION FRANÇAISE
la Boîte : 1f15 _ 2f10 _ 4f00

FÉLIX POTIN, Boulevard Sébastopol, 101 et 103, PARIS

MIEL

Miel surfin du Gâtinais..................le pot de verre ».80
— — en pots de 500 gr. environ...... le 1/2 kilo ».75
— — — de 1 kil. — ...... » ».70

CONFITURES ET GELÉES FINES (garanties pures)

N. B. — Il est ajoute 0,25 pour les pots de 500 gr., 0,40 pour ceux de 1 kil., 0,60 pour ceux de 2 kil. et 1 fr. pour les calottes.	En pots de verre le pot	En pots d'environ 500 gr. le 1/2 kilo	En pots d'environ 1 kilo le 1/2 k.	En pots d'environ 2 k. et en calottes le 1/2 k.
Confitures d'Abricots......	».80	».75	».70	».65
— de Cerises.....	».90	1. »	».90	».85
··· de Chinois.....	» »	» »	» »	» »
— de Fraises.....	1. »	».90	» »	» »
—· de Mirabelles..	».70	».70	».70	».65
—· de Reine-Claude	».70	».70	».65	».60
— de Rhubarbe ...	» »	» »	» »	» »
— tous fruits.. .	».70	».65	».60	» »
Quartiers de Coings.....	».90	» »	» »	» »
— d'Oranges	».90	» »	» »	» »
— de Poires.....	».90	1. »	» »	» »
Gelées a l'Ananas	1. »	» »	» »	» »
— au Cassis..........	».80	» »	» »	» »
— de Coing..........	».90	» »	» »	» »
— a la Framboise......	».80	» »	» »	» »
— de Groseille..	».70	».65	».60	».55
— a l'Orange....... ..	».80	» »	» »	» »
— de Pomme	».80	».75	» »	» »
— au Rhum......... ..	».80	» »	» »	» »
Marmelade d'Oranges (Dundee)	».85	» »	» »	» »

CONFITURES DE BAR-LE-DUC

Groseilles, Fraises ou Framboises, le pot.............. ».40
La caisse de 6 pots, 2.35 ; de 12 pots........ 4.60
Pots mignons, les deux, ».35 ; la caisse de 6, 1.05 ; de 12. 2.10

SIROPS GARANTIS PUR SUCRE

	1/2 bout	le litre
Sirop d'ananas...........	1. »	2.25
— de café.............................	».85	1.90
— de cassis...........................	».90	2. »
— de cerise...........................	».85	1.90
— de coing...........................	».80	1.75
— de fraises..........................	».90	2. »
— de framboise	».90	2. »
— de gomme	».85	1.90
— de groseille framboise.............	».85	1.90
— de grenadine	».80	1.75
— de limon...........................	».80	1.75
— d'orange	».80	1.75
— d'orgeat............................	».80	1.75
— de sucre............................	».80	1.75
— de vinaigre, framboisé	».90	2. »
— de punch...........................	1. »	2.50

Il est ajoute 0,25 c. pour le verre aux Sirops en litres.

BISCUITS POUR LES VINS

Biscuits pour le Chablis..................	le paquet	».45
— — le Champagne............	»	».60
— Félix Potin (papier rose).........	»	».45
— glacés à la vanille. N° 1.........		».40
— — N° 2............	»	».25
— Cendrillon	»	».55
— Duchesse...........	boîte 500 gr.	1.80
— des enfants.........	la boîte	».55
— perlés à la cuiller.............	boîte 250 gr.	1. »
— de Reims, roses...........	le paquet	».60
— — blancs...........	»	».50

PETITS FOURS

Secs, pour le thé (fins).............	le 1/2 kilo	1.80
Aux amandes....(—)...........	»	1.80
Glacés et non glacés (surfins)	»	2.50

GATEAUX

Genoa-Cake (Gâteau aux raisins et aux amandes).................	la pièce	1.20
Plum-Cake (Gâteau aux raisins) ...	»	».95
Gateau Nitouche (spécialité)...........	la boîte	1.10
Gateau Five O'Clok Cake aux amandes et à l'abricot	la pièce	1.60

PATISSERIES DIVERSES

Biscottes............	la boîte 250 gr.	».50
—	— 500 gr.	1. »
Calissons d'Aix........	— 500 gr.	1.75
Croquignoles surfines....	le 1/2 kilo	».80
— au miel.....	»	1. »
— aux amandes....	»	1.20
Langues de chat..............	»	1.80
Macarons de Nancy (en boîtes de 500 gr. net)	»	1.80
— de Paris. — —	»	1.80
Massepains de Reims........	l'étui 250 gr.	1. »
Batons à la vanille.....	la boîte	1.25
Madeleines de Commercy, grosses..........	la pièce	».20
— — Boit. d'orig. (6 madeleines)	la boîte	1.20
Nonnettes de Remiremont..............	paq. ».30, » 69	1. »
Pain d'épices supérieur.........	le 1/2 kilo	».65
— —	le pavé ».50 et	».90
— aux fruits...........	le pavé	1. »
Plum-Pudding (demander la clef pour ouvrir la boîte).	la 1/2 boîte	1.60
—	la boîte	3.10
Tuiles a bière	le paquet	».55

BISCUITS SECS (genre anglais)

	le 1/2 kil.	boîte n° 1	boîte n° 2
Biscuits assortis	1. »	2.50	1.40
Africains	1. »	» »	» »
Albert	1. »	2.20	1.40
Almond Rings	».90	» »	» »
Amandines glacées	1.20	» »	1.15
Balmoral	».80	» »	1.20
Champ-de-Mars	1. »	» »	1.20
Charmeurs	1.20	» »	» »
Combination	».80	» »	» »
Couronnes	1. »	» »	» »
Croquettes	1. »	» »	1.40
— Glacées, au choix ou assorties	1.20	» »	» »
— Chocolat, Vanille, Moka	» »	» »	1.40
— Pistache, Framboise	» »	» »	1.40
— Citron, Orange	» »	» »	1.40
Demi-Lunes	1 »	» »	1.90
Digestifs	1 »	» »	» »
Etoiles	1 »	» »	» »
Fruits	».80	» »	» »
Galettes Parisiennes	1. »	2.50	1.70
Gaufres-Cigarettes	» »	» »	1.10
Gazons	1. »	» »	» »
Ginger Nuts	1. »	» »	» »
Mandarins	1.20	» »	» »
Marie	1. »	2.40	1.50
Milanais	1. »	» »	» »
« Mixed Rich biscuits »	1.20	» »	» »
Médaillons	1. »	» »	» »
Paul et Virginie	1.20	» »	» »
Saturne	1.20	» »	» »
"Sugar Wafers" (gaufrettes)	2.20	» »	». »
Toréador	1. »	» »	1.20
Tziganes	1. »	» »	» »
Vénitiens	1. »	» »	1.20

Nous recommandons les biscuits en boîtes, l'air et l'humidité altérant rapidement la qualité de ceux en sacs

BISCUITS ANGLAIS

Biscuits Albert véritables (Mackenzie et Mackenzie). la boîte 2.60

Marque **HUNTLEY** et **PALMERS**

Gaufres vanille, citron ou framboise......... la boîte n° 0 1.10
— — — — ...... la boîte n° 1 1 70
— — — — ...... la boîte n° 2 3. »
— — — (boîte de 2 k. environ) le 1/2 kil. 2.20
Gaufres F. P. vanille.................. la boîte n° 0 1. »
— — — .... la boîte n° 1 1.50
— — — .... la boîte n° 2 2.80
Ice creams vanille (crème glacée)........... la boîte 1.25

CAFÉS GRILLÉS

Qualité extra (spécialement recommandée).... le 1/2 kilo **3.** »
1re QUALITÉ.................................... » **2.80**
2e QUALITÉ.................................... » **2.60**

Escompte de 5 % à partir de 2 kil. 500 gr.

CAFÉ BON MÉLANGE.... .... le 1/2 kilo **2.40** net

CAFÉS VERTS

Café vert mélange extra ....le ballot de 3 kil. **14.40**
— — — .... le 1/2 kilo **2.40**
Bourbon .... » **2.20**
Martinique .... » **2.20**
Moka trié...... .... » **2.40**
Java Menado.. .... » **2.40**
Java.............................. » **2.20**

THÉS DIVERS

THÉS NOIRS EN BOITES FER-BLANC DÉCORÉ

	bo es noires	boîtes vertes	boîtes rouges
Boîtes 125 grammes..................	1.50	1.75	2. »
— 250 —	3. »	3.50	4. »
— 500 —	6. »	7. »	8. »

THÉS NOIRS EN BOITES CARTON

	60 gr.	125 gr.	250 gr.	500 gr.	le 1/2 kilo
Thé Congo	» 50	1. »	2. »	4. »	4. »
— Souchong	» 65	1.25	2.50	5. »	5. »
— — extra..	» 75	1.50	3. »	6. »	6. »
— — et Pekao..	» 90	1.75	3.50	7. »	7. »
— mélange russe...........					8. »
— Pekao pointes blanches....					10. »
— noir en poudre........					2.60

THÉS VERTS

Hyson supérieur le 1/2 kilo **7.** »
Vert en poudre » **2.60**

THÉS MÊLÉS

Souchong et Hyson le 1/2 k. **5.** »
Hyswin et Souchong » **6.** »

VANILLE DU MEXIQUE

La gousse........ ... . » .60
Tube 3 gousses 1.75
— 6 — 3.25

Tube 12 gousses........ 6.25
Le 1/2 kilo............ 35. »
Parfum de vanille concentré. le flacon » .80

SUCRES

En pains 1er choix.	le 1/2 kilo	»	»	Candi paille....... le 1/2 kilo	».85
Cassé débris......	»	»	»	Bourbon...... ... »	» »
— mécanique rangé, 40, 45, 50, 60, 70 morceaux au 1/2 kilo.	»	»	»	Martinique ... ... »	» »
				Poudre fine....... »	» »
				— vanillé. ... »	1.30
Candi blanc......	»	».95		Semoule .... »	» »

Les Sucres non cotés sont facturés au cours.

ACCESSOIRES DE TABLE

MENUS et cartes de convives.......	Grand assortiment	
MANCHES à côtelettes.........	la douzaine	».30
MANCHES à gigots	le manche	».25
MOUSSE verte, naturelle ou teintée... . ..	le paquet	».25
FEUILLES DE VIGNE.................... .	la douzaine	».15
RONDS d'assiettes....	»	».25
GODETS pour fruits............	»	».15

Cosaques à surprises . ..	La pièce	».10	».15	».45	».75	1.20
	La douzaine	».75	1.60	»	»	» »

CURE-DENTS......	le paquet 0.10 et	».15

ESSENCES DE CAFÉ

Essence de café Robertet	le flacon	».95
— — Trablit......	»	1.25

FRUITS

CITRONS de Naples	—	10 et	».15
ORANGES......................	-	10 et	».15

FRUITS SECS

AMANDES amères...................	le 1/2 kilo	1.40
— princesses	»	1.30
— sans coques................	»	1.80
AVELINES...........	»	».60
DATTES................ la boîte ».60	»	».80
FIGUES de Valence...................	»	».20
— de Mayorque.....................	»	» »
— de Smyrne......	»	».60
— fines	»	».50
— surfines....................	»	».60
— sur choix	»	».90
GENIÈVRE en grains....................	»	».30

FRUITS SECS

Mendiants	la boîte 500 gr.	1.20
Noix de Grenoble	le 1/2 kilo	» »
Pistaches vertes	»	5. »
Pistoles	»	1.10
Pommes tapées	»	».60
Poires tapées	»	».60
Prunes nationales fleurs	»	».90
Prunes nationales	»	».70
Prunes d'Ente No 1	»	».60
— No 2	»	».55
— No 3	»	».40
Pruneaux No 4	»	».30
Prunes fleuries	»	».60
Raisins de Corinthe pour pâtisserie	»	».65
— — Malaga la caisse de 10 k. .... » »	»	» »
— — No 1 — — 29. »	»	1.50
— — No 2 — — 27. »	»	1.40
— — No 3 — — 25. »	»	1.30
— — No 4 — — 21.50	»	1.10
— — — en grains	»	1. »
— noirs pour boisson	le kilo	».75
— de Smyrne	le 1/2 kilo	».65

NOTA. — Le prix élevé des raisins est dû à une application des droits d'Octroi.

LÉGUMES SECS

Haricots suisses blancs	le 1/2 kilo	».25
— — rouges	»	».20
— flageolets blancs	»	».25
— — 1/2 verts	»	».30
— — verts Chevrier	»	».40
— de Soissons	»	».65
— — Liancourt	»	».25
— — Chartres	»	».20
— nains	»	» 20
Lentilles extra		».45
—	»	».35
Pois cassés	»	».30

FARINES

Arrow-Root de la Jamaïque (esc. 5 0/0 à partir de 1 k.)	le paq. 125 gr.	».50
Farine de châtaignes (Félix Potin)	» 250	».50
— de gruau	le kilo	».45
— fleur de Hongrie	le 1/2 kilo	».40
—	le kilo	».75
— de pois, lentilles, haricots (Félix Potin)	paq. 250 gr.	».30
— de maïs	le 1/2 kilo	».30
— lactée de Nestlé	la boîte	1.40
Fécule	paq. 250 gr.	».20
Gruau mondé de Bretagne	»	».30
Gluten	le 1/2 kilo	».60
Gruau	»	».40

PATES ALIMENTAIRES

	d'Auvergne	d'Italie
LAZAGNES ... ... le 1/2 kilo	» »	».50
MACARONI	»	».40	».50
NOUILLES....... . . .	»	» »	».50
PETITES PATES..........	»	».40	».50
PATES ALPHABÉTIQUES ...	»	» »	».50
VERMICELLE........ . .	»	».40	».50
SEMOULE fine..	»	».40	» »
— grosse........	»	» »	».50

POTAGES

Tapioca Félix Potin La boîte 250 gr . . . . » 50
Le 1/2 kilo . . . 1. »

Sagou Félix Potin La boîte 250 gr . . . . » .35
Le 1/2 kilo . . . . » 70

Perles de l'Inde Félix Potin Grosses ou petites
La boîte 250 gr . . ».40
Le 1/2 kilo . . . . . » 80

Escompte 5 0 0 depuis 2 k. 500 de chacun des produits ci dessus.

JULIENNE	.... le 1/2 kilo	1. »
TAPIOCA CRECY .	. paq. 250 gr.	».75
POTAGE CRECY..	»	».75
ORGE PERLE...`.......	le 1/2 kilo	».40
— très fin pour potages	paq. 250 gr.	».30
RIZ N° 1 Caroline extra..	le 1/2 kilo	».60
-- 2 Bologne.	»	».40
— 3 Piémont	»	».30
RIZ julienne	paq. 250 gr.	».50
CREME de riz....	'	».25
FLEUR de riz.....	''	».25
SEMOULE de riz.......................	»	».25
RACAHOUT des Arabes...............	le flacon	3.10

			chocolatée
RAVALESCIÈRE Du Barry ... . . boîte1/2 l.ang.	1.75.....	1.90
— — .... » 1 livre »	3.20... .	3.30
— — .... » 2 livres »	5.50.....	5.75

BOUILLONS ET EXTRAITS DE VIANDES

BOUILLON Cibils..... ... ... flacon pr 3 litres	».85
-- .... » pr 6 litres	1.70
-- du Docteur... .... boîte pr 1 litre	».35
— — — .... — pr 2 litres	».65
— — — .... — pr 5 litres	1.60
EXTRAIT DE VIANDE Liebig 56 gr. .... pot 1/8 de livre	1.45
— -- — 113 — .... — 1/4 —	2.80
— -- -- 227 — ... . — 1/2 livre	5.10
— -- -- 454 — ... . — 1 —	9.60

EXTRAIT DE VIANDE
FÉLIX POTIN
PRÉPARATION INSTANTANÉE
du Bouillon, Sauces, Ragouts, etc.

ÉCONOMIE 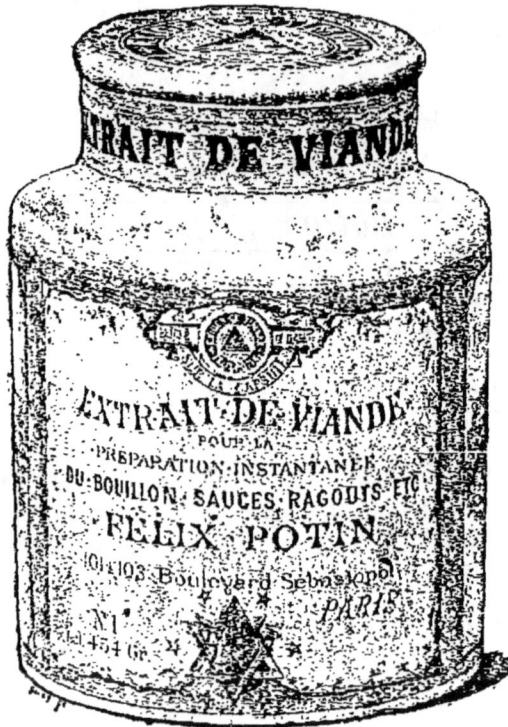 **RAPIDITÉ**

Extrait de viande (Félix Potin)....	Pot	n° 1	(net	454	gr.)	8.75
—	— (	—)....	— n° 2	(net	227	gr.)	4.60
—.	— (	—)....	— n° 3	(net	113	gr.)	2.40
—	— (	—)....	— n° 4	(net	56	gr.)	1.25

COLORANTS POUR POTAGES

Arome Patrelle........................	le flacon	».35
Caramel (pour pot-au-feu).................	le 1/2 kilo	».25
Colorantes — Rozière..........	la boite	».35

ASSAISONNEMENTS POUR POTAGES, ETC.

Assaisonnement Maggi aux fines herbes.	flac. n° 1 1.50	n° 2 ».85
— — aux truffes......	— 2.75	— 1.55
Consommé —	le flacon	— ».85

CONSERVES DE LÉGUMES

Asperges extra d'Argenteuil (Félix Potin)....	la boîte (16 env.)	1.90
— rondes — —	— (40 env.)	3.30
— —	la 1/2 boîte	1.15
Pointes d'Asperges........ —	la 1/2 boîte	1.20
Champignons............. —	la boîte	1.40
— .... —	la 1/2 boîte	».80
— .... —	1/4 de boîte	».50
Cèpes au naturel (Demortier et Laffon)....	la boîte	1.05
— choisis à l'huile. — —	»	1.80
Petits Cèpes au naturel	la 1/2 boîte	».90
Choucroute garnie........ (Félix Potin)....	la boîte	2. »
— —	la 1/2 boîte	1.10
Fonds d'Artichauts........ —	1/2 b. 4 fonds	1.20
— .... —	» 6 fonds	1.45
Haricots flageolets fins .... —	Boîte 1 litre	1.05
— — — .... —	» 1/2 »	».60
— — moyens. —	» 1 »	».65
— —	» 1/2 »	».35
— verts fins....... —	» 1 »	1. »
— — .... —	» 1/2 »	».65
— moyens.... —	» 1 »	».70
— — .. —	» 1/2 »	».40
— .... —	le double litre	1. »
Jardinière............... —	Boîte 1 »	».75
Macédoine............... —	» 1/2 »	».60
Pois extra-fins........... —	» 1 »	1.80
— .... —	» 1/2 »	».95
— fins... .... —	» 1 »	1.55
— — .... —	» 1/2 »	».85
— moyens .... —	» 1 »	1. »
— .... —	» 1/2 »	» 60
— .... —	le double litre	1.40
— .... —	Boîte 1 »	».70
— .... —	» 1/2 »	».45
Tomates de Paris........ —	le flacon n° 5	».40
— —	» n° 4	».50
— —	» n° 3	».60
— —	boîte 1/2 litre	».70
— —	» 1 »	1.25
— entières......... —	» 1 »	».80

CONSERVES DE TRUFFES

Truffes noires du Périgord, brossées 1er choix. flac. blanc n° 2 190 gr.		6. »
— — — — » » n° 3 100 »		3.50
— — — — » » n° 4 60 »		2.30
— — — — cassées » noir n° 5 60 »		1.40
— — — — 1er choix » 1/8 boîte 60 »		2. »
— — — — .... 1/4 » 90 »		3. »
— — — — .... 1/2 » 200 »		6.25
— — — pelées — .... 1/8 » 60 »		2.50
— — — — .... 1/4 » 90 »		3.75
— — — — .... 1/2 » 200 »		7.50
Pelures de Truffes.......... — .... 1/8 » 60 »		».60
— — .... — .... 1/4 » 100 »		».90
— — .... — .... 1/2 » 250 »		1.90

CONSERVES DE POISSONS

CREVETTES..........................	la boîte	1.70
FILETS de Harengs saurs, à l'huile d'olive.....	la 1/2 boîte	».70
— — —	le 1/4 de boîte	» »
HARENGS marinés au vin blanc (FÉLIX POTIN)..	la boîte	».95
HOMARD Royal (*préparé spécial* *pour la maison*)	la 1/2 b. basse	1.20
— — — —	le 1/4 de b. —	».75
HUITRES marinées......................	la boîte	».80
MAQUEREAUX au naturel.................. ..	»	1.60
— au vin blanc.	»	1.30
— — .... la boîte de	12 morceaux	1. »
— à l'huile...	la 1/2 boîte	1.10
— —	le 1/4 de boîte	» »
QUENELLES au brochet (sauce Richelieu) Felix Potin	la 1/2 boîte	2.40
— — —	le 1/4 de boîte	1.30
QUEUES d'écrevisses........le flacon n° 1 : 2.70;	le flacon n° 2	1.50
SARDINES à l'huile d'olive (Pellier frères)	le 1/4 de boîte basse	».70
— — —	le 1/4 de boîte haute	».80
— — —	la 1/2 boîte haute	1.40
— — —	la 1/2 b ite basse	1.10
— — —	la boîte	2.80
— — —	la triple boîte	8.25
— sans arêtes 1/4 boîte — 0.85	la 1/2 boîte	1.50
— du Chasseur —	la boîte	».45
SAUMON au naturel..................	la 1/2 boîte basse	1.30
— —	le 1/4 boîte	».80
— — (Crosse and Blackwell)....	la boîte	2.25
THON à l'huile d'olive (Pellier frères)........	boîte 300g env.	».90
— — —	boîte 500g »	1.60
— — —	boîte 1 kil. »	3.40
TRUITE saumonée..................	....	1.20

Préparées spéciale-ment pour la maison.

FOIES GRAS DE STRASBOURG (MARQUE GRATZ)

TERRINES DE FOIES GRAS aux truffes du Périgord	la boîte n° 14 forme basse		1.60
— —	» 12	»	2.50
— —	» 10	»	3. »
— —	» 9	»	4. »
— —	» 9 forme haute		4.50
— —	» 8	»	5.50
— —	» 7	»	9.50
— —	» 6	»	9.50
— —	» 5	»	12.50
FOIES GRAS au naturel............. boîte	n° 1 de 450 g. net		6.25
— — .... »	n° 2 de 350 g. »		5. »

CONSERVES DE GIBIERS

La boîte de 2 alouettes rôties, farcies et truffées (Félix Potin)		1.50
— 3 — — — — »		2.20
— 1 grive — — — »		1.60
— 2 grives — — — »		2.75
— 1 bécasse — — — »		5.50
— 2 bécassines — — — »		4. »
— 1 caille — — — »		2. »
— 2 cailles — — — »		3.60
— 1 perdreau — — — »		4.50
— 1 galantine de perd., au foie gras truffé. »		6. »
— 1 faisan rôti, farci et truffé....... »		9.50
— 1 petit faisan rôti — — ..... »		8.50
— 1 galantine de faisan au foie gras truffé. »		14. »
— 3 côtelettes de chevreuil piquées sauce poivrade »		2.75
— 6 — — — — »		5.25
— 1 selle — — — »		8.50
— 1 noix — — — »		6. »
— 1 gigot — — — »		16. »
BALLOTTINES de pigeons à la gelée au madère. la boîte		2.60
CONSERVE de perdrix rôties (Marque Philippe et Canaud). —		3.60
PATÉS D'ALOUETTES de Pithiviers truffés (Marque Diane). Terrine basse n° 14		1.30
— — — — » 12		2 »
— — — — » 10		2.75
— — — — » 9		3.25
— DE GRIVES DES ALPES, TRUFFÉS — » 14		1.30
— — — — » 12		1.75
— — — — » 10		2.60
— — — — » 9		3.25
— DE LIÈVRE TRUFFÉS — » 14		1.30
— — — — » 12		1.75
— — — — » 10		2.60
— — — — » 9		3.25
— — NON TRUFFÉS — boîte 9		3.25
— DE PERDREAU TRUFFÉS — terrine 14		1.50
— — — — » 12		2.50
— — — — » 10		2.75
— — — — » 9		3.25
— — NON TRUFFÉS — boîte 9		4 »
— DE BÉCASSE TRUFFÉS......... — » 9		5. »
— DE CHEVREUIL TRUFFÉS, la boîte n° 1, 2.25 ; la » n° 2		1.50

(Voir la suite du catalogue page 30)

PLAN-GUIDE DE L'EXPOSITION UNIVERSELLE

DIVISION DU PLAN-GUIDE

RENSEIGNEMENTS SPÉCIAUX	PAGES	CAFÉS-RESTAURANTS ET BRASSERIES	PAGES	LETTRES OU NUMÉROS
CONCERNANT :				
1° Moyens de transports	20	**Restaurants**		
2° Cafés, restaurants et brasseries fran-		Terrasse des Beaux Arts .	28	e
çais et étrangers	20	Terrasse des Arts Libéraux	28	c
3° Etablissements faisant payer une en-		Pile à gauche de la tour Eiffel)	28	5
trée	21	Terrasse des expositions		
4° Postes, télégraphes, tabacs, police,		diverses	29	b
douane	21	**Brasseries restaurants.**		
Manutention, cabinets de toilette,		Buffet-Bar du Palais des		
water-closets et divers		produits alimentaires . .	24	b'
7° Table alphabétique des matières et		Terrasse des Beaux Arts . .	28	f g
indications des emplacements . .	23	Terrasse des Arts Libéraux	28	b
		Terrasse des expositions		
		diverses	29	a c f g h i j m
MOYENS DE TRANSPORTS		Trocadéro	21	l
		Terrasse des Beaux-Arts		
Chemin de fer.		(côte La Bourdonnais) .	28	i
Deux départs par heure dans chaque sens.		**Buffets,**		
1re classe, 1 fr., 2e, 50 c.		**glaciers pâtissiers.**		
Aller et retour 1re classe, 1 fr. 50 2e, 75 c.		Terrasse des Beaux-Arts .	28	
Valable pour les gares du Trocadéro au Champ-		Terrasse des Arts Libéraux		d
de-Mars — Chemin de fer de Ceinture. — Chemin		(buffet anglo-indien) .	28	
de fer gare Saint Lazare		Terrasse des galeries diverses	29	a
		Restaurants		d c
Tramways.		Terrasse des Beaux-Arts		
Du boulevard Haussmann à la Muette — Du Louvre		(côté Labourdonnais) .	28	h
à Grenelle. — Du Louvre à Sèvres. — Du		Parc (à la droite de la tour		
Louvre à Passy. — De la Bastille aux Invalides.		Eiffel)	28	25
— De la gare de Lyon au pont de l'Alma. — De la		Quai d'Orsay	24	1
Villette au Trocadéro — Du Louvre à Versailles.		**Restaurants à prix fixe.**		
— De la gare Montparnasse à l'Etoile.		Jardin (entre les machines		
Prix des places : Intérieur, 30 c. avec correspon-		et les galeries diverses)	29	6 *bis*
dance, impériale, 15 c.		Terrasses des expositions		
		diverses	29	b
Omnibus		**Restaurants Duval.**		
Gare de l'Est au Trocadéro — Porte-Saint-Martin		Cour des machines	29	10
à Grenelle — Bastille à Grenelle. — Place de la		Quai d'Orsay (près la gare		
République à l'Ecole militaire. — Madeleine à		du Champ-de-Mars) . . .	28	o
Auteuil. — Bourse à Passy. — Saint-Sulpice à		**Restaurant populaire.**		
Auteuil.		Cour des Machines (côté		
Prix des places : Intérieur, 30 c. avec correspon-		Suffren)	29	12
dance, impériale, 15 c.				
		RESTAURANTS ET CAFÉS ÉTRANGERS		
Bateaux		**Côté Suffren, le long des galeries françaises.**		
De Bercy à Auteuil. — Des Tuileries à Suresnes.		Restaurant égyptien	29	7
Stations de bateaux.		— persan	29	8
		— roumain	29	2
Chemin de fer pour les visiteurs.		**Palais des Arts Libéraux**		
INTÉRIEUR DE L'EXPOSITION.		Buffet anglo-indien . . .	28	a
Points de départs et d'arrivée :		**Quai.**		
Gare (Esplanade des Invalides à la).		Restaurant hongrois	24	i'
Gare : Avenue de Suffren.		**Invalides**		
longe les quais,	avec plusieurs	Restaurant et café algérien	25	Esplanade
traverse le Champ-de-Mars,	stations	Tunisien, annamite, créole.	25	d'
longe l'avenue de Suffren,	dans			
et arrive à l'Ecole militaire.	le parcours.	En outre, dans presque tous les pavillons étran-		
Stations principales :		gers et dans tous les types d'habitation, il y a		
Carrefour Malar. — Pont de l'Alma — Tour Eiffel. —		des restaurants ou des cafés.		
Gare de l'Ouest, Champs-de-Mars. — Porte Desaix.				
— Ecole militaire, avenue de Suffren.				
Prix de transport : **25 c.**				
Intérieur des galeries et des parcs.				
Fauteuils roulants.				

PLAN DE DÉTAIL DU TROCADÉRO
De la place du Trocadéro à la Seine (Rive droite)

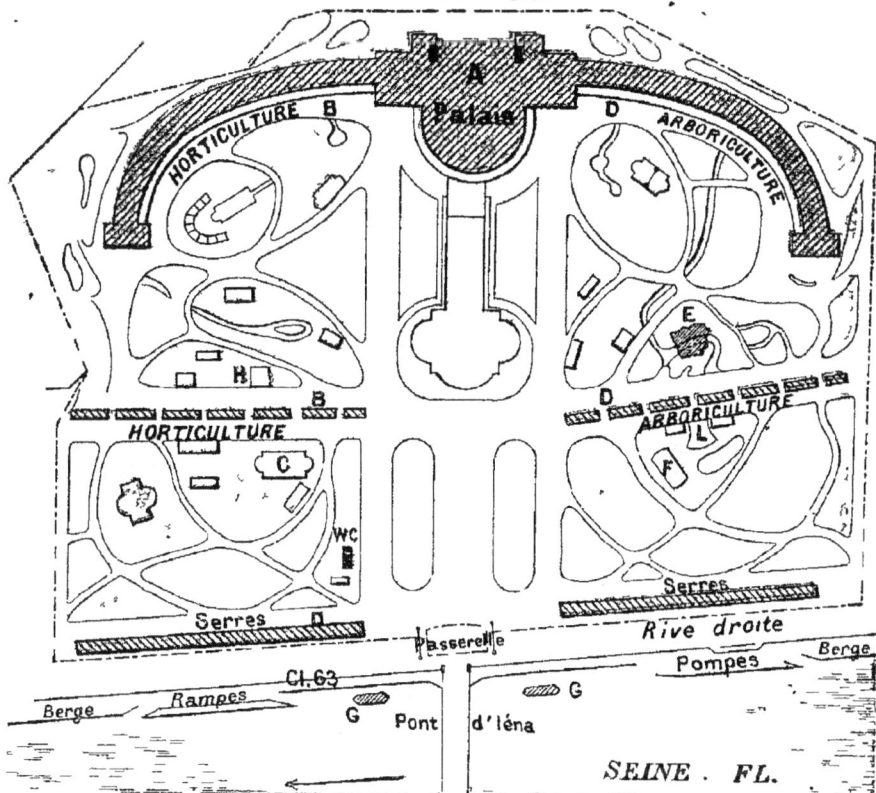

DÉTAILS

A	Palais — Salle des fêtes et concerts. — Musées ethnographique et des moulages.	**E**	Aquarium.
		F	Pavillon des travaux publics.
B et D	Serres. — Horiculture et arboriculture françaises et étrangères.	**G**	Stations de bateaux.
		H	Pavillon du groupe IX.
C	Pavillon des forêts.	**L**	Jardin japonais.
B et D	Serres. — Arboriculture et horticulture françaises et étrangères.	**I**	Restaurant.

ETABLISSEMENTS FAISANT PAYER UNE ENTRÉE

Champ-de-Mars	PAGES	Lettres ou Nos
Palais des Enfants. (50 c. le jour, 1 fr. le soir) . . .	28	7
Sphère.	28	14
Folies parisiennes (1 fr. au minimum en consommation). . . .	28	31
Aquarellistes (50 cent.)	28	39
Pastellistes (50 cent.).	28	38
Panorama et ⎫ Cie Générale Diorama 50 c. ⎬ Transatlantique.	28	23 *bis*
Esplanade des Invalides		
Panorama : Tout Paris (50 cent.) .	25	27

Portes d'entrée

1 r. avant 10 heures; 1 fr. 10 heures à 6 heures et 2 fr. 6 heures à 11 heures.

POSTES, TÉLÉGRAPHES ET DIVERS

	PAGES	Lettres ou Nos
Bureau de Postes et Télégraphes.	28	42
Douane	28	J *bis*
Manutention	28	J *bis*
Police.	28	J *bis*
Téléphones	28	24
Service médical	28	Div. g° del'Exp.
Tabacs (bureau central). . .	28	6
Coiffure (Salon de)	28	48
Toilette (Salon de)	28	49
Lecture (Salon de)	28	47
Change	28	43 *bis*
Water-closets WC (réservé) . . .	28	50
Désignés par le signe ▬▬		

USINE DE LA VILLETTE

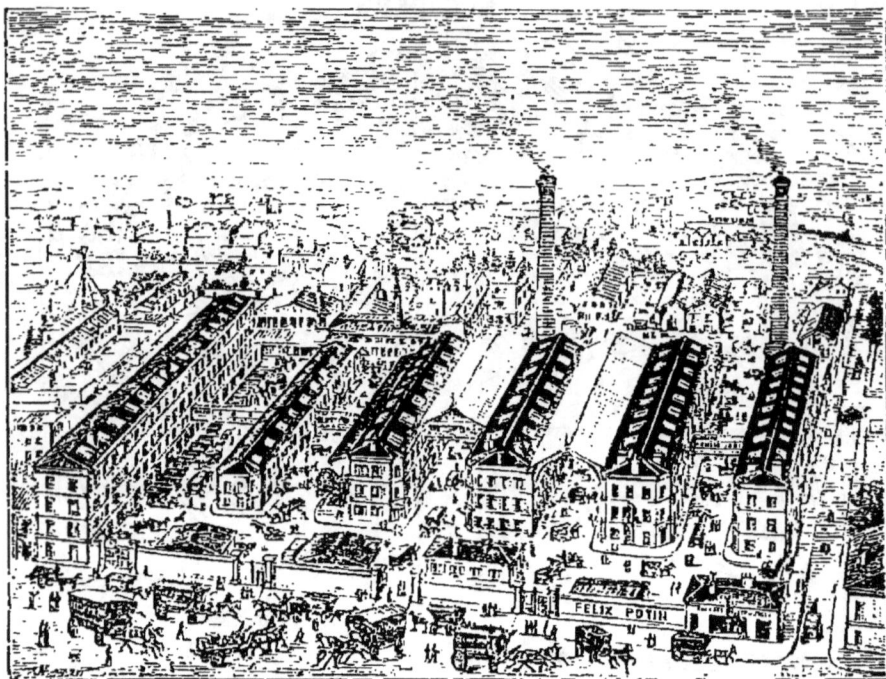

ENTREPOTS DE PANTIN

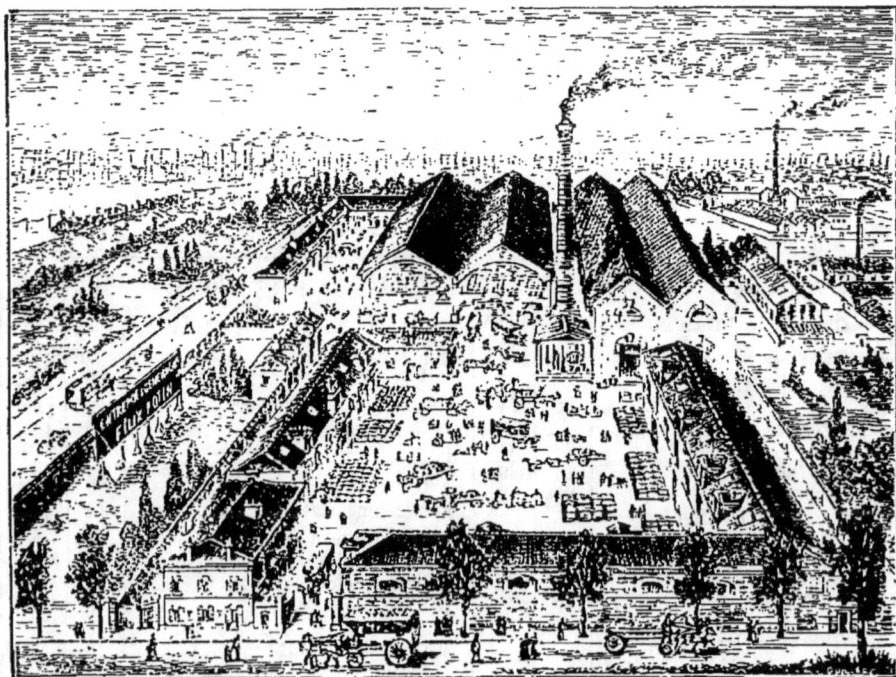

TABLE ALPHABÉTIQUE DES MATIÈRES ET EMPLACEMENTS

TROCADÉRO — Arc de Triomphe de l'Étoile
Palais

Champs-Élysées — Direction de la place de la Concorde

Échelle de $\frac{1}{100.000}$

Quais de la Rive droite

Direction p^{ce} Concorde

SEINE FL. — Pont d'Iéna — Pont de l'Alma — Pont des Invalides — SEINE FL.

Gare de l'Ouest — TOUR EIFFEL — ESPLANADE

Suffren — Labourdonnais — Avenue de

PLAN DE DÉTAIL DES QUAIS

	Classe	
A		Panorama et Diorama. Compagnie transatlantique.
B		**Palais des Produits alimentaires** *renfermant les classes suivantes :*
	67	Céréales.
	68	Boulangerie et pâtisserie.
	69	Lait, beurres.
	70-71	Viandes, poissons, fruits conservés.
	72	Stimulants. Confiserie.
	73	Boissons fermentées.
B'		Buffet-Bar.
J		**Galeries de l'Agriculture** *renfermant :*
C	74	Produits de la terre.
D	73bis	Agronomie.
E	72ter	Enseignement agricole.
F	49	Exploitations rurales et forestières.
G	76	Spécimens d'exploitations agricoles.
O	75*	Viticulture et plants de vignobles.
P	75³	Vins Récolte 1888.
Q	75³	Matériel de chais.
R	75³	Matériel et outillage pour la culture de la vigne.
S	76	Insectes nuisibles et utiles.
T	77	Pisciculture. Poissons, crustacés.
U		Chambre de commerce.
V		Pavillon alimentaire espagnol.

PLAN DE DÉTAIL DE L'ESPLANADE DES INVALIDES

1. Moulin anglais.
2. Laiterie anglaise.
3. Beurrerie suédoise.
4. République Sud africaine.
5. Boulangerie hollandaise.
6.
7. Restaurant.
8. Ministère des postes.
9. Aérostation.
10. Poudres et salpêtres.
11. Musique.
12. Ministère de la guerre.
13. Agriculture.
14. Pavillon Herschor.
15. Hygiène.
16. Assistance publique.
17. Eaux minérales.
18. Economie sociale.
19. Restaurant populaire.
20. Maisons ouvrières.
21. Secours aux blessés.
22.
23. Campement. Classe 39
24. Algérie.
25. Bazar algérien.
26. Tunisie.
27. Pagode.
28. Pavillon indien.
29. Madagascar
30. Village sénégalais
31. Anaam et Tonkin
32. Restaurant annamite
33. Village Alfourou.
34. Palais central.
35. Village calédonien.
36. Village pahoun
37. Concessionnaires.
38. Cochinchine.
39. Restaurant créole.
40. Martinique et Guadeloupe.
41. Factorerie du Gabon.
42. Théâtre annamite.
43. Village cochinchinois.
44. Pagode.
45. Guyane.
46. Village indien.
47. École modèle.
48. Panorama. Tout Paris.
49. Classe 69.

K (M^{es} expositions) L. Colonies et pays de protectorat.

W. el.

HÔTEL DES INVALIDES — Porte

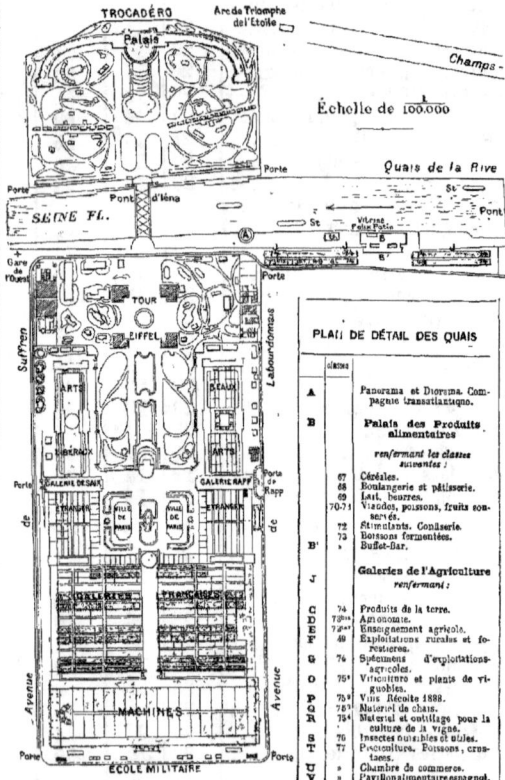

PLAN D'ENSEMBLE DE L'EXPOSITION

Porte — ÉCOLE MILITAIRE — Porte — Avenue de la Bourdonnais — MACHINES — GALERIES FRANÇAISES — ARTS — ARTS — SIDÉRAUX — GALERIE DES ARTS — GALERIE RAPP — ÉTRANGER — VILLE DE PARIS — ÉTRANGER

TABLE ALPHABÉTIQUE DES MATIÈRES ET EMPLACEMENTS (*suite*)

TABLE ALPHABÉTIQUE DES MATIÈRES ET EMPLACEMENTS (*suite*)

CHAMP-DE-MARS (Ire PARTIE)

De la Seine (rive gauche) à la Galerie Desaix et à la Galerie Rapp.

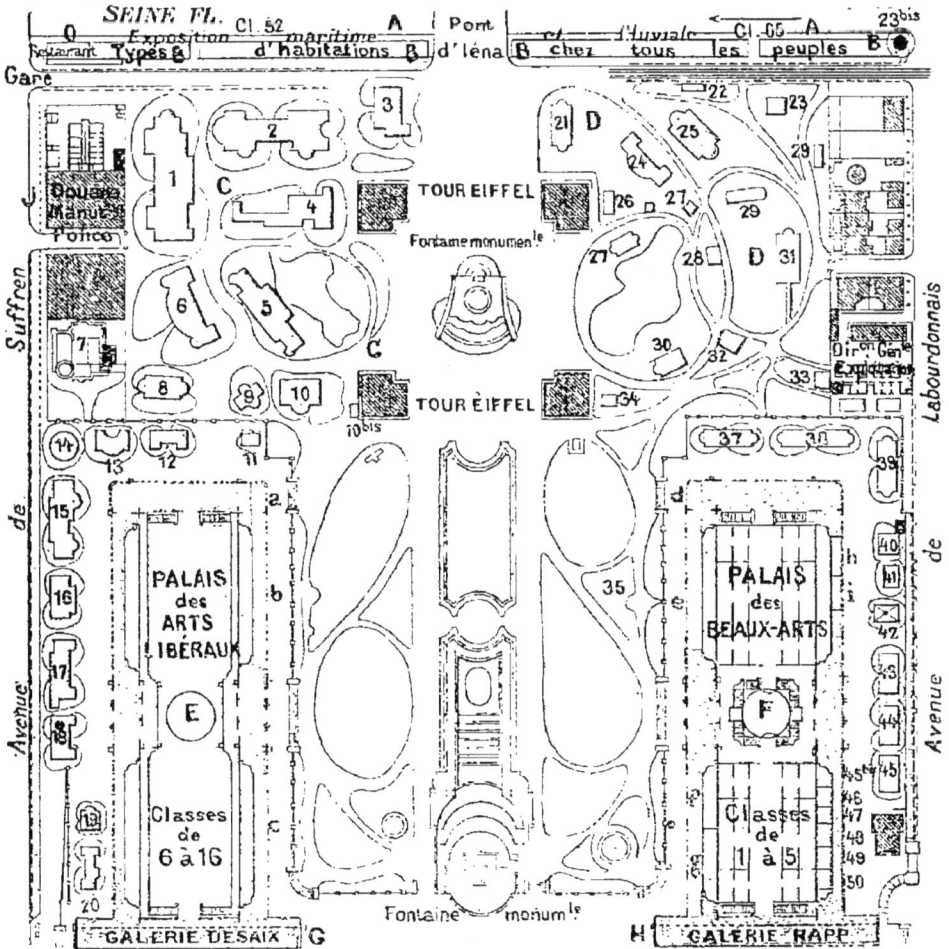

SEINE FL. Cl. 52 — A Pont et fluviale Cl. 65 — A 23bis
Exposition maritime d'habitations B d'Iéna B chez tous les peuples B
Restaurant Types B

Gare

TOUR EIFFEL
Fontaine monum^{le}

TOUR EIFFEL

PALAIS des ARTS LIBÉRAUX
E
Classes de 6 à 16

GALERIE DESAIX G

PALAIS des BEAUX-ARTS
F
Classes de 1 à 5

GALERIE RAPP H

Fontaine monum^{le}

Suffren — Avenue — de

de — Avenue — Labourdonnais

LES CONSTRUCTIONS ÉTRANGÈRES SONT TEINTÉES EN ROSE

DÉTAILS

A Berge.
B Quai.
C Parc du Ch.-de-Mars (gauche), pavillons étrangers.
E Palais des Arts libéraux renfermant : histoire rétrospective du travail. Classes de 6 à 16 : Enseignement, imprimerie, librairie, arts industriels, photographie, instruments de musique, de médecine, de chirurgie, de précision, cartes.
G Galerie Desaix : instruments de musique.
D Parc du Ch.-de-Mars (droite).
F Palais des Beaux-Arts renfermant :
Classes de 1 à 5 : } Sections françaises
Peinture.   et
Sculpture.   étrangères
Architecture.
Gravure.
H Galerie Rapp (sculpture).
J Douane, manutention, police.

Parc. — Côté gauche.

1	Mexique.	10b	Equateur.
2	République Argentine	11	Nicaragua.
3	Suez Panama.	12	Etat de Lota
4	Brésil.	13	Salvador.
5	Brasserie.	14	Sphère terrestre.
6	Vénézuela.	15	Uruguay.
7	Palais des Enfants.	16	St-Domingue.
8	Chili.	17	Paraguay.
9	Pavillon rustique.	18	Guatemala.
10	Bolivie.	19	Hawaï.
		20	Pavillon indien.

45 bis	Change.	49	Cabinet de toilette.
46	Tabac.		
47	Cabinet de lecture.	50	Divers (réservé).
	Water-closets.	42	Bureau des postes et télégraphes
48	Coiffeur.		

Parc. — Côté droit.

21	Manufact. de l'Etat.	32	Isba russe.
22	Pavillon finlandais.	33	Pavillon (fresques).
23	Pavillon anglais	34	Pavillon.
23b	Panorama transatlant.	35	Marbrerie.
24	Pavillon des téléphones.	36	Pavillon.
25	Brasserie.	37	Monaco.
26	Pav. du gaz.	38	Pavillon des pastellistes
27	Pav. suédois	39	Pavillon des aquarellistes
27b	Chalet norvégien.	40	Restaurant de la presse.
28	Pavillon.	41	Comité de la presse.
29	Taillerie de diamants.	42	Bur. des postes et télégraph.
29b	Pavillon rustique.	43	Station d'électricité.
30	Pav. (terres cuites).	44	Collectivité des Forges.
31	Folies Parisiennes.	45	Pavillon.

CHAMP-DE-MARS (2ᵉ PARTIE)

De la Galerie Desaix et de la Galerie Rapp au Palais des Machines
(en commençant par le bas)

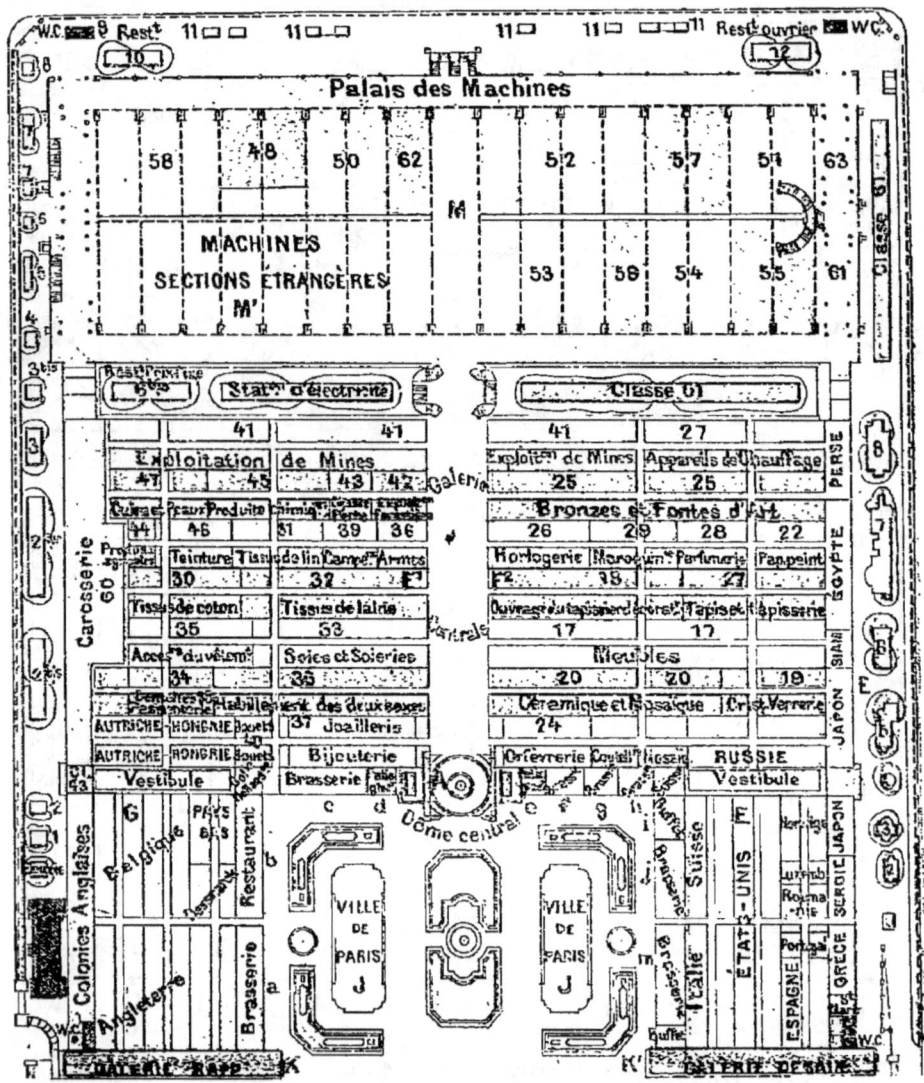

Palais des Machines

| 58 | 48 | 50 | 62 | | 52 | 57 | 51 | 63 |

M

MACHINES SECTIONS ÉTRANGÈRES M'

| | | | | 53 | 59 | 54 | 55 | 61 |

Rest Prov.re 6bis — Stat⁰ⁿ d'électricité — Classe 61

41	41		41	27
Exploitation de Mines			Exploit⁰ⁿ de Mines	Appareils de Chauffage
47	45	43	42	25	25
Cuirs peaux Produits chimiq. Carrosserie Perles fabriqué			**Bronzes et Fontes d'Art**	
44	46	31	39	36	26	29	28	22
Produits agricoles	Teinture Tissus de lin Camp Armes			Horlogerie Maroqⁿ Parfumerie	Papt peint
	30	32		F²	18	21
Tissus de coton	**Tissus de laine**		Ouvrages de tapisserie à l'ainé Tapis et Tapisserie	
35	33		17	12
Acces.ⁿ du vêtem	Soies et Soieries		**Meubles**	
34	36		20	20	19
Céramique Habillement des deux sexes jouets		Céramique et Mosaïque	Crist Verrerie
AUTRICHE-HONGRIE jouets	37 Joaillerie	24	
AUTRICHE-HONGRIE jouets	Bijouterie	Orfèvrerie Coutel Tabacs	RUSSIE
Vestibule	Brasserie		Vestibule

Carrosserie 60

Galerie centrale

PERSE — ÉGYPTE — SIAM — JAPON — Classe 61

Colonies Anglaises — Angleterre — Belgique — PAYS-BAS — Danemark — Restaurant — Brasserie

G — b — c — d — **Dôme central** — e — f — g — h — i — E

VILLE DE PARIS J — VILLE DE PARIS J

Norvège — Suisse — ÉTATS-UNIS — ESPAGNE — GRÈCE — SERBIE JAPON

Roumanie — Italie — Portugal

A GAUCHE
Sections étrangères

G. — Colonies anglaises; Angleterre; Belgique; Pays-Bas; Colonies hollandaises; Autriche-Hongrie; Danemark.

F¹. — Sections diverses françaises.

I. — Constructions le long de l'avenue de La Bourdonnais.

Pavillons divers. — 1. Métallurgie; 2. Produits chimiques; 2ᵇⁱˢ Métallurgie; 2ᵗᵉʳ Fonderies; 3. Société de constructions; 3ᵇⁱˢ Ciments; 4. Ciments; 5. Céramique; 6. Terres cuites; 7. Forges; 7ᵇⁱˢ Forges; 8. Asphaltes; 11. Force motrice.

A DROITE
Sections étrangères

E. — Italie; Suisse; États-Unis; Espagne; Portugal; Serbie; Luxembourg; Norvège; Russie; Saint-Marin; Grèce; Siam; Japon; Egypte; Roumanie; Perse.

E. — 2. Restaurant roumain; 3. Maison russe; 4. Pavillon marocain; 5. Pavillon japonais; 6. Pavillon siamois; 7. Rue et Bazar égyptien; 8. Pavillon persan.

F¹. — Sections diverses françaises.

M. *Galerie des Machines.* | **J.** *Ville de Paris.* | **E¹.** *Sections étrangères (Machines).*

CONSERVES DE VOLAILLES

Crêtes de Coq............................	le fl.de 150 gr.	2.50
—	75 gr.	1.30
Cuisses d'Oie ou de Dinde (Félix Potin)....	la boîte	3.60
Galantine de volaille ..... (—)...	»	3.60
Poitrine de Dinde au naturel (—)...	»	3.60
Quenelles de volaille sauce financière (Félix Potin).	la 1/2 boîte	2.25
— — — —	le 1/4 de boîte	1.20
Rognons de Coq	le flacon	2.50
Pigeons de la Bresse ..... ·	la pièce	1.30

CONSERVES DE VIANDES

Galantine de bœuf (*Corned beef*)...........	la boîte 2 liv.	2. »
— (—)...........	» 1 liv.	1.20
— de jambon (*Ham*)...............	» 2 liv.	2.40
— (—)...............	» 1 liv.	1.40
— — de Reims	la pièce	2. »
Langues de bœuf (*Fray Bentos*)..............	la b.1 k.250 gr	3.50
— — (*Lasso Brand*).....	» 2 liv.1/4	4. »
— — (—).............	» 2 liv	3.60
— de porc (*Lunch tongues*).......	2 livres angl.	2.50
— — (—)........... 1	—	1.50
— de mouton......................	le 1/2 kilo	1.20
Mortadelle de Bologne..................	boîte 300 gr.	1.50
Noix de jambon	le 1/2 kilo	2. »
Tête de Veau en Tortue (Félix Potin)....	la boîte	2. »
Tripes a la Mode de Caen (—)...	»	1.80
— — —	la 1/2 boîte	».95

SALAISONS

Harengs saurs	la pièce	».10
Sardines fumées (petites)..........	la douzaine	».20
Jambons fumés de Bretagne...............	le 1/2 kilo	».95
— — — entiers..	»	».90
— — d'York (Angleterre) par 1/2 jambon	»	1.35
Morue gros poisson........................	»	». »
— extra...........................	»	». »
Poitrine de porc fumée	»	1.10
— — salée	»	1 »
Graisse comestible........................	»	».65
Saindoux extra garanti pur.................	»	».75
Saumon fumé d'Écosse....................	»	» »

LAIT CONSERVÉ

Lait Suisse concentré (Cᵗᵉ Anglo-Suisse) . . . . .   la boîte   ».70

BEURRES   (Garantis purs) -

Arrivage tous les deux jours :
Beurre de la Prévalaye demi-sel   le 1/2 kilo.   au cours
—   —   —   en paniers de 500 gr.   »   »
—   —   —   — de 1 kilo,   »   »
—   —   —   — de 2 kilos   »   »
Arrivage tous les jours :
Beurre frais du Mans . . . .   le 1/2 kilo   »   »
  —   de Gournay. . . . . morceau 250 g.   ».80
  —   d'Isigny. . . . .   1. »

FROMAGES

Chester (fromage anglais). . . . .   le 1/2 kilo   1.30
Gruyère N° 1 (Emmenthal). . . . .   le 1/2 kilo   1.10
  —   N° 2 (Mont-Dor) . . . .   »   ».90
Hollande pâte grasse, croûte rouge . . . .   »   1. »
Parmesan . . . .   »   1.60
Roquefort (de la Société des Caves). . . . .   »   1.50

ŒUFS

Œufs frais . . . .   la boîte de 12   ».95

HORS-D'ŒUVRE

ANCHOIS

Anchois à l'huile . . . . flacon n° 1 : 1.75;   flacon n° 2   1.25
  —   au sel . . . . le flacon : ».90;   le 1/2 kilo   1.20
  —   de Norvège . . . .   le 1/4 baril   1.60
  —   —   . . . .   le 1/8 baril   1.20

OLIVES	flacons modèles ronds	flacons modèles carrés
Olives de Lucques pour table . . . . flacon n° 1	1.50	».70
— — — . . . . » n° 2	1. »	».50
— — — . . . . » n° 3	».60	».35
— — — en vrac. le 1/2 kilo	».60	» »
— verdales pour cuisine . . . . flacon n° 1	1.10	».60
— — — . . . . » n° 2	».70	».40
— — — . . . . » n° 3	».50	».25
— — — en vrac. le 1/2 kilo	».40	» »
— — farcies aux câpres et à l'huile d'olive de Nice fl. n° 1, 1.10; n° 2, ».70		

HORS-D'ŒUVRE

SAUCISSONS

Saucisson d'Arles......................	le 1/2 kilo	2.50
— de Bretagne....................	»	».95
— de Lyon.......................	»	3. »
— de poulet "Cambridge Roll".......	la pièce	1.25
— de foies gras Gratz..............	»	1.60
Mortadelle de Bologne........	le 1/2 kilo	2.40
Saucisse de Lorraine....................	»	1.80
Rillettes de Tours....... le pot n° 1 : 2.25 ; le pot n° 2		1.70

CONDIMENTS

CAPRES

Capres................. le flacon n° 1 : ».80 ; le flacon n° 2		».50
— en vrac........	le 1/2 kilo	2.20

CORNICHONS

Cornichons fins de Paris...........	flacon n° 1	2.30
— — —	» n° 2	1.30
— — —	» n° 3	».90
— moyens — le fl. n° 1 : 1.90 ; n° 2 1.10 n° 3		».80
— moyens — en vrac........ ..	le 1/2 kilo	».65
— gros — —	»	».50

MOUTARDES

Moutarde Félix Potin aux aromates pot n° 1 : ».60 ;	pot n° 2	».40
— — anchois et fines herbes en petits pots n° 3..........	caisse de 6 pots	1.50
— — naturelle à la bonne-femme.	le pot	».35
— — ordinaire.................	le 1/2 kilo	».25
Moutarde de Dijon (Marque Grey) le pot n° 1 : ».80 ;	pot n° 2	».60

TRUFFES FRAICHES DU PÉRIGORD (au cours)

ÉPICES FINES

	ENTIÈRES		MIGNONNETTE	CONCASSÉ	PULVÉRISÉES			
	125 gr	1/2 k.	1/2 kilo.	1/2 k.	fl. n° 1	fl. n° 2	125 gr	1/2 k.
Cannelle	1. »	»	»	»	».40	».30	1. »	` »
Gingembre.........	».75	»	»	»	».40	».30	1. »	»
Girofle	1. »	»	»	»	» »	»	»	»
Muscades..........	2. »	»	»	»	»	»	»	»
Poivre blanc	»	3. »	3. »	»	».40	».30	»	3. »
— gris........	»	2.20	»	2.20	».35	».25	»	2.20
— de Cayenne.	»	»	»	»	».50	».35	»	»
Quatre épices	»	»	»	»	».40	».30	».75	»

ARTICLES ANGLAIS

MARQUE CROSSE ET BLACKWELL

SAUCES

Anchovy Sauce (sauce d'anchois)............	le flacon	1.20
Mushroom Catsup (sauce aux champignons)...	»	1. »
Walnut Catsup (sauce aux noix)	»	».90

PICKLES

Pickles Mixed.............	les flacons nº 1	1.15	n° 2	».75
— Onions..			»	1.20
— Piccalilli	les flacons n° 1	1.15	n° 2	».75
— Red cabbage (choux rouge)		. »		1.20

CONDIMENTS

Anchovy Paste (pâte d'anchois)	la boîte	1.40
Curry Powder.........................	le flacon	».80

MARQUES DIVERSES

FARINES

Baking Powder (levure pour pâtisserie)......	la boîte	».55
Corn Flour...............................	la livre anglaise	».60
Hominy (maïs concassé) .....`.. .	paquet de 5 livres »	1.30
Maizena (farine de maïs)..	la 1/2 livre anglaise	».35
— — .... » 1 » »		».60
Scotch Oat-Meal........................	le paquet	».50

SAUCES

Harvey's Sauce........................	le flacon	1.20
Reading Sauce	»	1.20
Worcestershire Sauce.......	»	1.40
Yorkshire Relish................ ...	»	».70

CONDIMENTS

Table Salt.....................	le paquet de 2 livres angl.	».40
Mustard (Colman) surfine. ..... . : ..	le 1/4 angl. pap. jaune.	».55
— — . ...: la 1/2 angl. — —		1. »
— — fine...	la 1/4 pap. rose.	».45
— — —	la 1/2 —	».80

HUILES COMESTIBLES

EN FLACONS (500 g. et 1 k.)

Huile d'Olive de Nice, sans goût de fruit....	le 1/2 kilo	1.50
Huile blanche surfine......................	»	1. »

EN BIDONS (5 et 10 k.)

Huile d'Olive de Nice, sans goût de fruit.....	le 1/2 kilo	1.45
Huile blanche surfine................ ...	»	».95

VINAIGRES

GARANTIS PUR VIN

	EN LITRES	EN FUTS par 25 lit. minimum.
Vinaigre d Orléans................. le litre	».70	».65
— — vieux..... ... . »	».80	».75
— — à l'estragon... . »	1. »	».95
— — à la ravigote....... »	1. »	».95

Fûts de 25 litres, factures et repris à 4.50 et de 50 litres à 5.50.

ARTICLES D'ÉCLAIRAGE

HUILE EN BIDONS (2, 5 et 10 kilos)

Huile de colza épurée, garantie double rectification	le kilo	1.20
Mèches en soie (*bien indiquer le numéro*)... .	la douzaine	».20

BOUGIES

Bougies extra-supérieures pour salon, 5, 6, 8 au	paquet 500 gr.	1. »
— — 5, 6, 8..	caisse de 5 kil.	10 »
— extra, 5, 6, 8, 10, 12 ou 16 au paquet.	paquet 500 gr.	».90
— — 5, 6, 8, aux 500 gr...........	caisse de 5 kil.	9. »
(*) — à trous, 8 ou 10 au paquet.....	paquet 500 gr.	» 95
— — 8 ou 10 aux 500 gr......	caisse de 5 kil.	9.50

(*) La Bougie à trous n'est livrée que par caisse de 5 kil.

Bougies extra pour voitures, 6 et 8 au paquet	paquet 500 gr.	».90
— d'allume (rat-de-cave) la pièce 0.20 et 0,35	— »	2.75
— à réchaud 32 ou 40 aux 500 grammes.	— »	2.75
— diaphanes blanches 6 ou 8........ .	boîte de »	1.30
— — rouge, bleue et verte, 8.....	— »	1.40

CHANDELLES

Chandelles (longues ou courtes)...........	le 1/2 kilo	».50
— — — ·	paq. de 2 k. 430	2.30
Chandelles perfectionnées 6..	le 1/2 kilo	».55
— —	paq. de 2 k. 430	2.60
— extra 6 et 8..	la caisse de 5 k.	6. »

35

FÉLIX POTIN, Boulevard Sébastopol, 101 et 103, PARIS

ARTICLES D'ÉCLAIRAGE
VEILLEUSES

Veilleuses liège		la boîte	».10
— fidèles		»	».15
— reflet		» ».25 et ».45	
— terre		»	».20
Alcool à brûler		le litre	1.20

ARTICLES DE BLANCHISSAGE ET SAVONS

Amidon surfin	le 1/2 kilo	».35
— par pains	le kilo	».65
— en poudre	le 1/2 kilo	».35
Bleu en boules	boîte 500 gr.	1.30
Borax	le 1/2 kilo	».65
Carbonate de soude	le kilo	».15
Extrait d'eau de Javel concentrée	le litre	».40
Potasse	le 1/2 kilo	».25
Lessive du Phenix	paq. de 1 kilo	».35
Savon de Paris	le morceau	».35
— frappé supérieur	le morc. 500 gr.	».30
— jaune d'iris	le 1/2 kilo	».25
— de Marseille blanc (court de Payen)	»	».50
— marbré bleu	»	».30
— blanc à l'huile de palme	»	».25
— noir en pâte (Marque Menuel)	»	».35
— — — (— —)	la boîte de 1 k.	».70
— — — (— —) en fût de 12k500	le fût	8.75
— vert en briques	le 1/2 kilo	».25
— minéral (Marque Lecat)	le morceau	».15

ARTICLES DIVERS
DROGUERIES — PRODUITS CHIMIQUES

Bois de réglisse	le 1/2 kilo	» 40
Briques anglaises	la pièce	».15
Camphre raffiné	le 1/2 kilo	1.80
Chicorée semoule en paquets de 250 et 500 gr.	».20 et	».35
Chicorée supérieure Félix Potin	paq. de 250 gr.	» 25
	» 500 gr.	».45
Cirage	la boîte	».30
— Supérieur Félix Potin	»	».15
Cire jaune	le 1/2 kilo	1.90
— vierge	»	3.50
Colle de poisson factice	le 1/2 kilo	4.25
— — de Russie	les 125 gr.	6.25
Eau de cuivre la bouteille ».60	la 1/2 bouteille	».40
La Nettine, essence à détacher	le flacon	».60
Ficelle de cuisine	la pelote	».40
Gélatine 1er blanc	le 1/2 kilo	2.75
Gland doux 1re qualité	le paquet	».40
Mine de plomb anglaise	»	».20
Papier d'office	la main	».70

ARTICLES DIVERS

Poudre pour eau de seltz....................	le paquet	».85
— insecticide (garantie aux fleurs de pyrèthre)	le 1/2 kilo	3. »
— — (— — —)	boîte de 60 gr.	».50
— — (— — —)	flacon de 60 gr.	».60
— métallique pour nettoyer les cuivres..	le paquet	».35
Tripoli...	le 1/2 kilo	».35
Vernis pour chaussures......	flacon n° 1	».50
— —	» n° 2	».40

GOMMES

Gomme blanche entière.....................	le 1/2 kilo	2.90
— — cassée...	»	3. »
— blonde entière...........	»	2.70
— — cassée.....................	»	2.80

GRAINES

Chènevis...................................	le 1/2 kilo	».30
Graine de lin......	»	».35
Farine de lin..............................	»	».35
Millet....................................	»	».25

SELS

Sel blanc fin...........................	le 1/2 kilo	».15
— gris (à partir de 5 kilos 23 fr. 0/0 kil.) ..	le kilo	».20

EAUX MINÉRALES NATURELLES DE TABLE

Eau de Couzan (Source Rimaud), verre comp., la bouteille	».25

Exploitée exclusivement pour la Maison FÉLIX POTIN

Eaux de Vals (Source Bussy)............. la bouteille	» 50

Exploitée exclusivement pour la Maison FÉLIX POTIN

Eau de St-Galmier (Source Noél), verre comp., la bouteille	».25

Pour 20 bouteilles bonification de 0,25 cent.

Eau de St-Galmier (Source Badoit), verre comp., net. les 2 bout.	».55
— — (Source Remy), — — la bouteille	».25
Eaux de Vichy (Sources Saint-Yorre)......... la bouteille	».45
— (— Mesdames et du Parc), —	».50
— (— Célestin, Grande-Grille,	
Haute-Rive et Hôpital), —	».70
Eaux de Vals (— St-Jean et St-Dominique). —	».70
Eau de Bussang....................... .... —	».50
Eau de Contrexéville (Pavillon).... .... —	».70

Les verres sont repris pour 0,05 cent.

Nous procurons aussi toutes les Eaux minérales généralement vendues dans le commerce.

Limonade gazouse de Couzan, *verre compris*, la bouteille.	».50

EAUX PARFUMÉES

ALCOOL DE MENTHE Félix Potin...............	le flacon nº 1	2.25
— — —	» 2	1.10
EAU DE FLEURS D'ORANGER supérieure Félix Potin	le flacon nº 1	».70
— — — —	le flacon » 2	».50
— — — —	la 1/2 bout.	1. »
— — — —	le litre	2.25
EAU DE MÉLISSE de Boyer......	le flacon	».75
— — —	la 1/2 c⁵⁵ᵉ 6 fl.	4.30
— — —	la caisse 12 fl.	8.60
EAU DE MENTHE (pour rince-bouche) FÉLIX POTIN	la 1/2 bout.	».60
— — —	le litre	1.25

Pour l'Eau de Menthe et l'Eau de Fleurs d'oranger en litre,
0.25 en plus pour le verre

PARFUMERIE FÉLIX POTIN

EAU DENTIFRICE..................	le flacon nº 1	1.90
—	— 2	1. »
—	le litre	5. »
POUDRE DENTIFRICE à base de quinquina	la boîte	».70
EAU DE COLOGNE supérieure.........	le litre	5. »
—	le flacon nº 1	1.60
—	— 2	».90
EAU DE LAVANDE ambrée aux fleurs des Alpes	le litre	6. »
—	le flacon nº 1	2.20
—	— 2	1.10
EAU DE TOILETTE....	le litre	13. »
—	le flacon nº 1	3.20
—	— 2	1.60
VINAIGRE DE TOILETTE....	le litre	5.50
—	le flacon nº 1	2.20
—	— 2	1. »
EXTRAITS D'ODEURS pour mouchoir....	flacon en cristal taille	1.90

(*Bouquet des Alpes, Foin coupé, Héliotrope, Jasmin, Jockey-Club,
Maréchale, Miel, Mille-Fleurs, Mousseline, Musc, Opopanax,
Patchouli, Réséda, Violette, Ylang-Ylang, Réséda, Cuir-de- Russie.*)

VAPORISATEURS........................	de ».50 a	3. »
GLYCÉRINE chimiquement pure.....	le litre	2.75
— — —	le flacon nº 1	1.10
— — —	— 2	».60
— — — parfumée à la violette	le litre	3.25
— — — —	le flacon nº 1	1.25
— — — —	2	».75
HUILE ANTIQUE superfine.................	le flacon	».80
— à la quinine.................	—	».80
BRILLANTINE superfine........	le flacon	».80
POMMADE Duchesse surfine........... ..	le pot	».60
— CRÈME Duch. superfine..	—	1. »
LOTION VÉGÉTALE à la quinine......	le grᵈ flacon	1.90
— — —	le litre	6. »
POUDRES DE RIZ supérieures (*blanche,*		
rose, Rachel).	le paquet	».30
— — — ...	la boîte	1. »
FLEUR D'AMIDON DE RIZ *pour les enfants*		
et pour le bain......	le p. 250 gr.	».40
— —	le p. 500 gr.	».75

FÉLIX POTIN, Boulevard Sébastopol, 101 et 103, PARIS

SAVONS DE TOILETTE

SAVON DES FAMILLES..........	le morceau		».25
— —	la boîte de 12 pains		2.50
— DES MÉNAGES	le morceau		».25
— de Windsor..............	la boîte de 6 pains		1.25
— à la Pâte de Maïs..........	—	3 —	».90
— Transparent à la Glycérine...	—	3 —	».90
— au Bouquet...............	—	3 —	1.20
— à l'Héliotrope	—	3 —	1.20
— au Musc.................	—	3 —	1.20
— à l'Opopanax.............	—	3 —	1.20
— au Patchouli..............	—	3 —	1.20
— à la Violette.............	—	3 —	1.20
— au Suc de Laitue..........	—	3 —	1.20
— Rose-Rose (Hygiène des enfants)	—	3 —	1.25
— au Bouquet de Violettes......	—	3 —	1.40
— Royal-Bouquet..............	—	3 —	1.50
— au Suc de Laitue extra-fin....	—	3 —	1.80
— aux Amandes amères........	—	3 —	2.10
— à l'Extrait d'Iris de Florence..	—	3 —	2.25
— Ess. Bouquet parfums assortis.	—	3 —	2.70

SAVONS POUR LA BARBE

POUDRE DE SAVON parfumée..........	la boîte	».45
CRÈME nacrée de savon aux amandes amères	la boîte porcelaine	1.10

SPÉCIALITÉS

EAU DENTIFRICE .... DE BOTOT	......le flacon nº	1	3.20
— .... .. »	..... —	2	1.90
— .... »	..... —	3	1.10
EAU DE COLOGNE ...... J.-M. FARINA	..... —	1	2.75
— .... »	..... —	2	1.40
— .... »	..... —	3	».70
VINAIGRE de Bully...	le flacon		1.05

VINS DE CHAMPAGNE

MARQUE PHÉNIX

(Sec ou Doux)

GRAND MOUSSEUX	la bouteille. . . .	**2.50**
	la 1/2 bouteille. .	**1.50**
1er CRU D'AY	la bouteille. . . .	**4.50**
	la 1/2 bouteille. .	**2.50**

(Voir page 43)

CAVES

FÉLIX POTIN

SERVICE DES VINS

Les vins blancs de Graves, Sauternes, Pouilly et Chablis se servent avec les huîtres.

On peut également les servir après le potage, mais, dans cette circonstance, les vins généreux de Madère, Marsala, Porto ou Xérès sont préférés.

Les vins rouges du Médoc, de Saint-Julien, de Saint-Émilion, de Margaux, de Pontet-Canet et des Châteaux Giscours, Lagrange, etc., sont fort appréciés pendant le premier service.

Avec les rôtis et pendant le deuxième service, les vins rouges de Bourgogne : Beaune, Volnay, Pomard, Corton-Pouget, Chambertin, etc., sont préférables.

Les vins de liqueurs : Muscats de Frontignan ou de Lunel et les vins sucrés d'Espagne : Alicante, Grenache, Malaga, Malvoisie et Pedro Ximénès accompagnent bien les entremets et desserts. Ces vins, ainsi que les Madère, Marsala, Porto et Xérès, servis avec des biscuits, conviennent bien pour les lunchs, goûters, bals et soirées.

AVIS GÉNÉRAL

Pour reposer et conserver les Vins en bouteilles, il est indispensable, à l'arrivée, de mettre les bouteilles dans une cave fraîche et de les tenir couchées. — Les Vins se trouvent bien d'être montés de la cave quelques heures avant le repas. Tenir les bouteilles debout dans la salle à manger ; les déboucher avec précaution au moment de boire le vin et le décanter s'il y a du dépôt.

VINS FRANÇAIS EN CERCLES

VINS DE TABLE

		la pièce 222 à 225 litres	la 1/2 pièce 110 litres	
VINS ROUGES	Bon Ordinaire.	140	73	50
	Supérieur	164	85	50
	Premières Côtes. .	185	96	»
VINS BLANCS	Petites Graves.	180	93	50

Sur demande envoi franco d'échantillons

VINS DE BORDEAUX

			la pièce 222 à 225 lit.	la 1/2 pièce 110 litres	
VINS ROUGES	Côtes Fronsac. . . .	1882.	215	111	»
	Saint-Emilion	1881.	290	148	50
	Médoc	1881.	360	183	50
	Saint Julien	1881.	520	263	50
VINS BLANCS	Graves.	1881.	225	116	»
	Graves supérieur . .	1881.	300	153	50
	Barsac.	1881.	360	183	50

VINS DU BEAUJOLAIS

			la pièce 214 litres	la 1/2 pièce 107 litres	
VINS ROUGES	Macon Fleurie. . . .		188	97	50
	Chenas	1884.	240	123	50
	Moulin-a-Vent . . .	1884.	390	198	50

VINS DE BOURGOGNE

			la pièce 225 litres	la 1/2 pièce 114 litres	
VINS ROUGES	Beaune.	1881.	530	268	50
	Pomard.	1881.	700	353	50
			la feuillette de 132 à 135 lit.		
VINS BLANCS	Chablis. . .		»	135	»
	Pouilly. .	1885.	»	170	»
	Chablis moutone. . .	1885.	»	250	»

VINS DE BANYULS

VIN ROUGE	en fûts de 16, 32, 64 et 128 litres. .	le litre	1	60
— BLANC	fûts compris.	»	1	60

N. B. — Les vins en cercles sont livrés à domicile franco de fût et descendus en caves: les fûts vides sont repris pour leur valeur, s'ils sont rendus en bon état.

BISCUITS FÉLIX POTIN

BISCUITS ASSORTIS
LA BOÎTE DE 1 K. 2.50

BISCUITS
LE PAQUET

CENDRILLON
0.55 c

EXPOSITION UNIVERSELLE 1889

PALAIS DES PRODUITS ALIMENTAIRES (voir la vitrine FÉLIX POTIN.
Situé Quai d'Orsay entre le Pont de l'Alma et le Pont d Iéna

CHAMPAGNES

MARQUE

PHÉNIX

„Déposée„

GRAND MOUSSEUX
1ᵉʳ CRÛ D'AŸ

FÉLIX POTIN, Boulevard Sébastopol, 101 et 103, PARIS

VINS FRANÇAIS EN BOUTEILLES

VINS DE TABLE

EN BOUTEILLES (genre St-Galmier) et EN LITRES

VINS ROUGES

	la bouteille verre compris		le litre verre n comp.	
Bon Ordinaire.	»	65	»	65
Supérieur (capsule blanche a timbre ser).	»	75	»	75
Premières Côtes (capsule blanche à timbre noir)	»	85	»	85

VINS BLANCS

Petites Graves . . . . le litre			»	80

Sur demande, envoi franco d'échantillons.

AVIS

Nous appelons votre attention sur la qualité de nos Vins en bouteilles, dont la vente a pris aujourd'hui un développement considérable, motivé certainement par leur supériorité constatée, leur pureté et les conditons avantageuses auxquelles nous pouvons les offrir.

En dehors de ces avantages, nous nous permettons d'insister sur la commodité qui résulte de notre système de livraisons de Vins en bouteilles, car nous vous évitons ainsi :

Les grands approvisionnements ;

Les soins à donner aux vins en pièces ;

Le rinçage des bouteilles ;

La mise en bouteille ;

Le bouchage, etc., etc.

Pour compléter ces avantages, nous ajouterons que vos approvisionnements de Vins pourront se renouveler avec une grande célérité, puisqu'il vous suffira de nous faire une commande pour en recevoir livraison le lendemain ; nous vous débarrasserons en même temps de vos bouteilles vides.

NOTA. — Nos bouteilles d'*un litre* sont garanties de contenance. Le verre est compté 0 fr. 25 en plus et repris pour le même prix.

Nos bouteilles *genre Saint-Galmier* sont d'une contenance de 88 à 90 centilitres. Le verre est compris dans le prix et repris pour 0 fr. 05.

Pour les bouteilles bordelaises des vins au-dessous de 2 francs, le verre est compté 0 fr. 20 en plus et repris pour le même prix.

VINS DE BORDEAUX EN BOUTEILLES

VINS ROUGES

Premières Côtes (capsule verte).....		la bouteille	»	65
Côtes Fronsac (— noire)....		»	»	75
Saint-Emilion........	1881	»	1	»
Médoc...........	1881	»	1	25
Saint-Estéphe........	1881	»	1	50
Saint-Julien, Médoc........	1881	»	2	»
Haut Saint-Emilion.......	1875	»	2	50
Chateau-Bel-Air, 1er cru, St-Emilion..	1875	»	3	»
Margaux (Médoc)........	1878	»	3	»
Pontet-Canet, Pauillac........	1878	»	3	50
Chateau-Beychevelle, Saint-Julien...	1874	»	3	75
Chateau-Bel-Air, 1er cru, St-Emilion .	1870	(Recommandé)	4	25
Pontet-Canet, Pauillac........	1870	—	4	»
Chateau-Duhart-Milon, Pauillac....	1881	la bouteille	3	50
Chateau-Giscours, Labarde-Médoc..	1881	»	4	50
Chateau-Lagrange, Saint-Julien.....	1878	»	5	»
Chateau-Lagrange, Saint-Julien-Médoc..	1881	(Étamp. du Chât.)	4	50
Chateau-Pichon-Longueville, Pauillac..	1878	—	6	»
Chateau-Mouton-Rothschild, Pauillac..	1881	—	6	»

VINS BLANCS

Graves...........		la bouteille	»	75
Graves Supérieur . . .	1881	»	1	»
Barsac.... . . .	1881	»	1	25
Sauternes........	1878	»	2	»
Haut-Sauternes, Château Darche.·...	1878	»	2	50
Chateau-Rabaud, Ht-Sauternes, 1er Gd cru.	1878	»	4	»
Chateau-Yquem, Lur-Saluces......	1879	(Étamp. du Chât.)	5	50

VINS DE BEAUJOLAIS ET DE BOURGOGNE

VINS ROUGES

Macon.............		la bouteille	»	75
Chenas..........	1884	»	1	»
Morgon.. .	1884	»	1	25
Moulin-a-Vent.. . . .	1884	»	1	50
Beaune..........	1881	»	2	»
Beaune 1re. .	1878	»	2	50
Volnay.... . .	1881	»	3	»
Pomard..... .	1881	»	3	»
Nuits-Saint-Georges . . .	1878	»	3	50
Romanée.... .	1878	»	4	»
Corton-Poujet	1881	»	4	50
Musigny gelé, grand vin.. .	1878	»	4	50
Chambertin, grand vin.. . .	1881	»	5	»
Chambertin, grand vin. . .	1878	»	7	50
* Clos-Vougeot, cachet Ouvrard, grand vin	1885	»	6	50

* Par 12 bouteilles, le Clos-Vougeot peut s'expédier en caisses, directement de la propriété.

VINS BLANCS

Chablis		la bouteille	»	75
Pouilly. . . .	1884	»	1	»
Chablis 1re. . . .	1885	»	1	25
Chablis, Milly . . .	1884	»	1	50
Chablis, Moutone.. . .	1884	»	2	»

VINS DU RHONE ET DU MIDI

Chateauneuf du Pape.	1881	la bouteille	2	50
Hermitage (Rouge)	1881	»	3	»
— (Blanc)	1881	»	3	»
Saint-Peray grand mousseux (Faure).		»	3	50
Vin de Banyuls vieux (Rouge).		»	1	10
— — (Blanc).		»	1	10

VINS D'AUSTRALIE

VINS ROUGES

Hermitage n° 0		la bouteille	1	50
— vieux n° 1.		»	1	75
— tres vieux n°s 2 et 3		»	2	50

VINS BLANCS

Hermitage blanc n° 2.		la bouteille	2	50
— — très vieux n° 3.		»	3	»

APÉRITIF

Apéritif Félix Potin, au vin de Banyuls. . . .	le litre	2	»

VINS DE LIQUEURS

Muscat de Frontignan.		la bouteille	3	»
— — (Faure)		»	4	25
Muscat de Lunel.		»	3	»
— — (Faure)		»	4	25

N.-B. — Les litres sont facturés 0,25 cent.; les bouteilles des vins au-dessous de 2 fr. sont facturées 0,20 cent. en sus des prix marqués. Ces verres sont repris aux prix facturés.

VINS DE CHAMPAGNE

MARQUE PHÉNIX

	1/2 bout.		bouteille	
Vin de Champagne Grand-Mousseux. . (sec ou doux)	1	50	2	50
Cru d'Epernay . . . . »	1	75	3	»
1er Cru d'Epernay . . . . »	2	»	3	50
Cru d'Ay . . . . »	2	25	4	»
1er Cru d'Ay . . . . »	2	50	4	50

MARQUES DIVERSES

	1/2 bout.		bouteille	
Moët et Chandon.	2	65	4	80
Jules Mumm (dry Verzenay)	»	»	5	90
— (extra-dry).	»	»	7	50
Veuve Clicquot-Ponsardin	3	90	7	50
Théophile Roederer (carte blanche dorée) .	3	55	6	60
G. H. Mumm et Cie (— doux) .	»		7	50
G. H. Mumm et Cie (cordon rouge très sec). . .	»		8	50

VINS ÉTRANGERS EN BOUTEILLES

Madère.	La bouteille (verre compris)		1	50
Malaga (pour quinquina)	le litre		2	25
Alicante.	la bouteille		3	»
Grenache.	»		3	»
Madère supérieur	»		2	25
— vieux.	»		3	»
— — supérieur	»		4	»
Malaga supérieur	»		2	25
— vieux.	»		3	»
— — supérieur.	»		4	»
Malvoisie	»		2	»
Marsala	»		2	»
Pedro Ximénès	»		3	50
Porto supérieur.	»		2	25
— vieux	»		4	»
— — supérieur	»		5	»
Tokay (Hongrie).	»		4	»
Xérès supérieur	»		2	25
— vieux	»		4	»
— — supérieur (Amontillado) .	»		5	»

(Bonification de 1 franc par 6 bouteilles assorties.)

EN FUTS DE 16, 32, 64, 128 LITRES

Sur demande envoi franco d'Échantillons

Alicante.	le litre	3	80
Madère supérieur.	»	2	60
— vieux.	»	3	70
— — supérieur	»	4	50
Malaga (pour quinquina).	»	2	20
— supérieur	»	2	60
Malaga vieux.	»	3	70
— — supérieur	»	4	55
Marsala.	»	2	40
Porto.	»	2	80
— vieux.	»	5	20
Xérès	»	2	80
— vieux.	»	5	20

VERMOUTH

Vermouth français	le litre	1	30
— — supérieur (Noilly-Prat) . . .	»	1	50
Vermouth de Turin (Francesco Cinzano)	»	2	»
— — (— —)	la bouteille	1	60

SPIRITUEUX

EAUX-DE-VIE

Eau-de-Vie de Marmande	le litre	1	75
— d'Armagnac.	»	2	»
— blanche pour fruits.	»	1	80
— — supérieure pour fruits. . . .	»	1	90
— véritable marc de Bourgogne.	»	2	50

COGNACS

Cognac . . . . . . la 1/2 b. 1 25 la bout. 2 25	le litre		2	75
— vieux . . . — 1 40 — 2 75	»		3	25
— fine champagne — 1 60 — 3 »	»		4	»
— grande — 1881 . le 1/2 flacon 2 50 grand flacon			4	50
— — — 1876 . — 3 » »			5	50
— — — 1870 . . . . »			7	50
— — — 1830 . . . . »			30	»

COGNAC FÉLIX POTIN

. 1881. la caisse de 12 bout . 53 » la bouteille	4	50
. 1878. — — . 62 » »	5	25
. 1872. — — . 71 » »	6	»
1868. . . . . . . 101 » »	8	50
. 1854. . . . . 155 » »	13	»

RHUMS

Rhum de la Martinique (Antilles).	le litre	2	»
— de la Jamaïque. —	»	2	50
— vieux — —	»	3	25
— supérieur — — 1/2 bout. 1 25 la bouteille	2	50
— — vieux — — 1 50 »	3	»
— — très vieux — . . . . »	4	»

KIRSCHS

Kirsch de fantaisie.	le litre	2	75
— vieux —	»	3	75
— de fantaisie. 1/2 bouteille 1 25 . . la bouteille	2	25
— vieux — — 1 50 . . . . . »	3	»
— de la Forêt-Noire. . . . . le cruchon	5	50
— — très vieux. . . . . . . »	6	»

ABSINTHES

Absinthe verte	le litre	3	»
— suisse.		3	25
— — . . . . 1/2 bouteille	1	50
— Pernod fils. . . . . la bouteille, contenant 1 litre	4	»
— — . . . . . la 1/2 bout. » 1/2 »	2	25

SPIRITUEUX DIVERS

Genièvre de Hollande (marque à la Cloche) la bout. de 1 litre 10		3	»
— supérieur	le litre	2	20
Gin (Booth and Co's Old Tom)	»	2	75
Scotch Whisky (John Begg's Royal Lochnagar)	»	3	25
Irish — (Roe and Co's)	»	3	25
Esprit-de-Vin rectifié	»	3	25
Spiritueux suisse	»	2	25

N. B. — Il est ajouté 0,25 centimes pour le verre aux Spiritueux en litres.

EN FUTS DE 25, 50, 112 LITRES
(fûts non compris)
Sur demande, envoi franco d'Échantillons

Eau-de-Vie de Marmande	le litre	1	70
— d'Armagnac	»	1	95
— blanche pour fruits	»	1	75
— — supérieure pour fruits	»	1	85
— véritable marc de Bourgogne	»	2	45
Cognac fin bois	»	2	70
— — vieux	»	3	20
— fine champagne	»	3	95
Rhum de la Martinique (Antilles)	»	1	95
Rhum de la Jamaïque (Antilles)	le litre	2	45
— vieux —	»	3	20
Kirsch de fantaisie	»	2	70
— vieux de fantaisie	»	3	70
Genièvre supérieur		2	20
Esprit-de-Vin rectifié	»	3	20
Gin (Booth and Co's Old Tom)	»	2	70
Scotch (John Begg's Royal Lochnagar)	»	3	20
Irish Whisky (Roe and Co's)	»	3	20

Les Fûts, facturés à part, sont repris aux prix comptés, s'ils sont rendus en bon état.

LIQUEURS DE DESSERT

"ROYAL CHERRY" (LIQUEUR DE CERISES)

la 1/2 bouteille **1.** » | la bouteille **2. 25** | le litre **2. 50**

QUALITÉ FINE

	la bouteille		1/2 bout		le litre	
Anisette	2	25	1	»	2	50
Bitter	»	»	»	»	2	50
Cassis	2	25	1	»	2	50
Crème de Menthe	2	25	»	»	2	50
— de Moka	»	»	»	»	2	50
— de Noyau	»	»	»	»	2	50
— de Vanille	»	»	»	»	2	50
Curaçao	2	25	1	»	2	50
Liqueur hygiénique	»	»	»	»	2	50
— des Moines	»	»	»	»	2	50

LIQUEURS DE DESSERT

QUALITÉ SURFINE

Anisette.	le litre		3	25
Cassis.	»		3	25
Crème de Menthe.	»		3	25
— de Menthe verte	»		3	25
— de Moka.	»		3	25
— de Noyau.	»		3	25
— de Vanille	»		3	25
Curaçao.	»		3	25

N. B. — Il est ajouté 0,25 cent., pour le verre, aux Liqueurs ci-dessus en litres.

QUALITÉ EXTRA-FINE

	1/2 flacon		gr. flacon	
LIQUEUR POTIN (spécialité).	1	75	3	»
Prunelle.	1	75	3	»
Anisette	1	75	3	»
Cassis	1	75	3	»
Crème d'Angélique . .	1	75	3	»
— de la Barbade	1	75	3	»
— de Cacao.	1	75	3	»
— de Menthe . .	1	75	3	»
— — verte	1	75	3	»
— de Moka .	1	75	3	»
— de Noyau . . .	1	75	3	»
— de fine Orange . .	1	75	3	»
— de Vanille. . .	1	75	3	»
Curaçao	1	75	3	»

N. B. — *Remises de 5 0/0 à partir de 6 flacons ou 1/2 flacons de Liqueurs extra-fines assorties.*

LIQUEURS ÉTRANGÈRES

	1/2 Cruch env 60 cent.		Cruch 1 litre 20	
Anisette de Hollande	2	»	4	»
Bitter —	»	»	3	50
Curaçao — doux, sec et blanc	2	»	4	»
— — la 1/2 bout. hollandaise 1.25; la bouteille	»	»	2	75
Crème d'Angélique des Antilles	»	»	4	»
— de la Barbade	»	»	4	»
— de Cacao à la Vanille des Antilles . .	»	»	4	»
— de Menthe glaciale — . .	»	»	4	»
— de Moka — . .	»	»	4	»
— de Noyau — . . .	»	»	4	»
— de fine Orange des Antilles	»	»	4	»
— de Vanille —	»	»	4	»
Eau-de-vie de Dantzick . . . le 1/2 flacon 1.75 le flacon			3	»
Kummel de Russie, Eckau n° 00 . . . . la bouteille			3	25
— — (Wolfschmidt) »			4	50
Marasquin de Zara . . . . le 1/2 flacon 2.25 le flacon			3	50

LIQUEURS DE MARQUE

Anisette Marie-Brizard. . . . . la bouteille			3	40
Liqueur F.-V. Raspail . le 1/2 litre 2 fr. le litre			3	80

FÉLIX POTIN, Boulevard Sébastopol, 101 et 103, PARIS

LIQUEURS DE DESSERT

LIQUEURS VÉRITABLES
DE LA
GRANDE CHARTREUSE

BLANCHE	JAUNE	VERTE
LE LITRE **5.10**	LE LITRE **7.25**	LE LITRE **9.75**
LE 1/2 LITRE **2.75**	LE 1/2 LITRE **3.85**	LE 1/2 LITRE **5.10**

A partir de 12 litres ou 24 demi-litres.

LE LITRE **4.90**	LE LITRE **6.70**	LE LITRE **8.95**
LE 1/2 LITRE **2.65**	LE 1/2 LITRE **3.375**	LE 1/2 LITRE **4.70**

Elixir de la Grande Chartreuse........ . le flacon **2, 3 et 4 fr.**

PUNCHS POUR SOIRÉES

PUNCH AU RHUM..... ..   le cruchon de 1 litre   **2.50**
PUNCH AU KIRSCH.......   —   **2.50**

Ces punchs se réduisent avec du thé léger à la volonté de chacun.

BIÈRES

BIÈRE DE STRASBOURG (Félix Potin)

La bouteille de 50 centilitres........   » **40**; la douzaine   **4.80**
N. B. — Il est ajouté 0 20 cent. pour le verre.

La bouteille de 1 litre........... ..   . . » **.85**
N. B. — Verre compris et repris pour 0.05 cent.

En fûts de 25, 50, et 100 litres.. .... le litre » **.65**
N. B. — Les fûts, facturés à part, sont repris aux prix comptés s'ils sont rendus en bon état.

BIÈRES ANGLAISES	DEMI-BOUTEILLES		BOUTEILLES	
	la 1/2 bout.	les douze 1/2 bout.	la bouteille	les douze bouteilles
STOUT (Guiness)......	» 40	4 40	» 70	7 80
PALE ALE (Allsopp)..	» 40	4 40	» 70	7 80
— (Bass et C°).	» 40	4 40	» 70	7 80
— (Scotch Ale) ..	» 40	4 40	» 75	8 40

N. B. — Il est ajouté 0,25 cent. pour le verre aux bières anglaises.
AVIS. — Lors de la livraison, les bouteilles doivent être mises debout dans une cave fraîche et laissées au repos pendant quelques jours.

Paris. — Imprimerie P Mouillot, 13 quai Voltaire. — 36164.

www.ingramcontent.com/pod-product-compliance
Lightning Source LLC
LaVergne TN
LVHW022203080426
835511LV00008B/1541